표현의 뉘앙스를 알수 있는

일본어뱅크

포커스 일본어 2

フォーカス

이즈하라 쇼오지, 박세영, 백송종 지음

동양books

일본어뱅크
포커스 フォーカス
일본어 2

초판 인쇄 | 2012년 9월 5일
초판 발행 | 2012년 9월 10일

지은이 | 이즈하라 쇼오지, 박세영, 백송종
발행인 | 김태웅
총괄 | 권혁주
책임 편집 | 김해영, 김효주
일러스트 | 전유진
표지 디자인 | 안성민, 차경숙
내지 디자인 | 차경숙
마케팅 | 서재욱, 정상석, 이규태, 장영임,
김귀찬, 왕성석, 김철영
제작 | 현대순

발행처 | 동양북스
등록 | 제 10-806호(1993년 4월 3일)
주소 | 서울시 마포구 서교동 463-16호 (121-842)
전화 | (02)337-1737
팩스 | (02)334-6624
웹사이트 | http://www.dongyangbooks.com
http://www.dongyangtv.com

ISBN 978-89-8300-869-5 14730
978-89-8300-867-1 14730 (세트)

머리말

일반적으로 일본어 초급 과정이 끝나면 일본어의 「듣고 · 말하고 · 읽고 · 쓰는」 기본적인 4가지 기능을 익히게 되서 일상 회화를 지장 없이 할 수 있게 된다고 합니다. 그러나 〈입문편〉이라고 할 수 있는 『포커스일본어1』에서 다룬 내용은 초급 과정의 25% 정도로, 이것은 일본어의 기초가 되는 부분을 지탱하는 기반에 지나지 않습니다.

이번에 출간하는 『포커스일본어2』는 초급 과정의 남은 75%에 해당하는 부분을 망라한 것으로서, 학습 진도에 따라 마지막까지 내용을 마스터한다면 일상 회화가 가능하도록 집필 · 편집하였습니다.

본문은 『포커스일본어1』과 마찬가지로 「Dialogue」가 두 가지로 편성되어, 하나는 대학 캠퍼스에서, 다른 하나는 회사에서의 상황을 통해 더욱 폭넓게 일상 생활에서 전개되는 다양한 장면을 설정하였습니다.

이 「Dialogue」를 바탕으로 「Conversation practice」, 「Key-point」, 「Grammar」, 「Review」, 「Listening」, 「Kanji」, 「Q&A」가 이어지는데, 초급에서 배워야 할 학습 항목 중에 가장 중요한 것은 각 과의 해당 파트에 배분하였고, 이와 관련한 피할 수 없는 필수 항목은 지면 관계상 부록에서 다루고 있습니다.

또한 이 책의 특징은 대학 교양 과정의 일반적인 일본어 교재보다 상세하면서도 간결한 해설 및 설명을 하고 있다는 점인데, 이는 일본어가 전공인 경우가 아니더라도 일본인에게 통하는 자연스런 일본어를 익히고, 나아가 장차 일본어를 이용하여 자신의 전공을 살리고자 하는 열의를 가진 학습자들의 바람에 부응하기 위함입니다.

다만, 교육 현장에서 가르치시는 분들께는 수업시간의 제약 등으로 2개의 「Dialogue」를 모두 다룰 수 없는 경우, 과감하게 어느 한 쪽만을 선택하여 수업을 진행하셔도 좋을 것입니다.

마지막으로 일본어의 기초를 다지고 의욕적으로 공부하고자 하는 여러분들께 모쪼록 이 책이 일본어 학습의 초석이 되기를 바랍니다.

저자 일동

차례

이 책의 구성

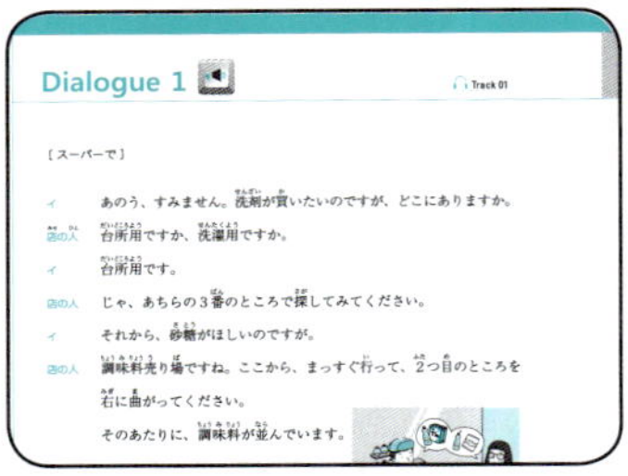

Dialogue 1, 2

한 과의 본문을 Dialogue1, Dialogue2로 나누어 학교 생활과 회사 생활에서 일어나는 일들을 대화로 구성하여 기초적인 내용을 학습할 수 있도록 하였습니다.

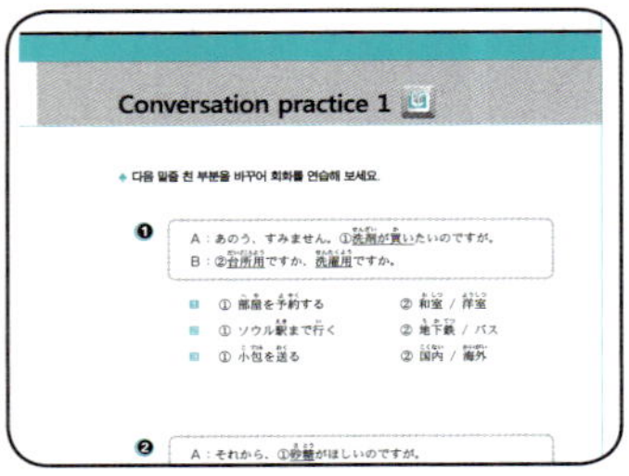

Conversation Practice 1, 2

Dialogue에서 다루는 회화 표현을 패턴화하여 어휘를 바꿔 넣으면서 문장을 응용할 수 있도록 하였습니다.

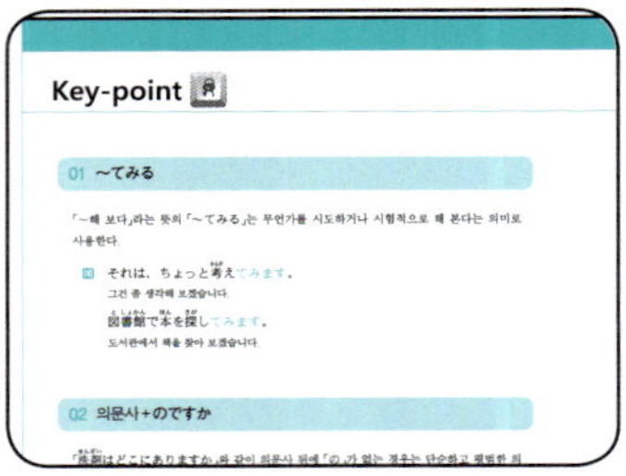

Key-point

Dialogue에서 다룬 중요 표현들을 중심으로 예문과 함께 자세하게 설명하였습니다.

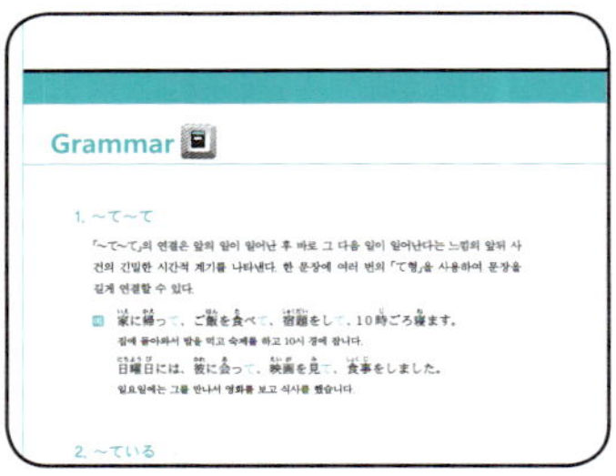

Grammar

각 과에서 다루는 필수적인 기초 문법 사항을 실어서 쉽게 기초를 다질 수 있도록 하였습니다.

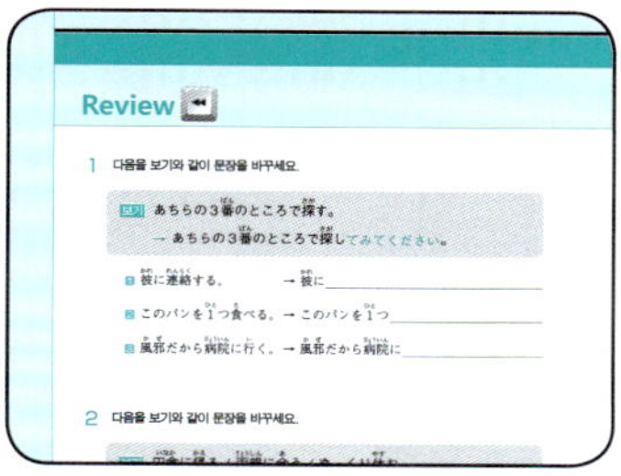

Review

각 과의 문법과 문형을 바탕으로 문제를 풀어보며 주요 표현들을 복습할 수 있습니다.

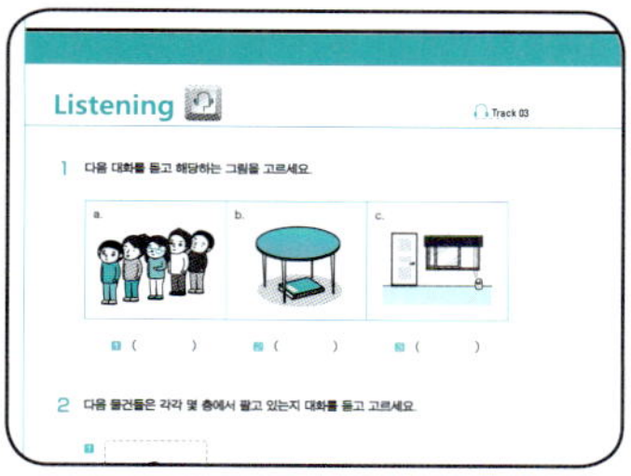

Listening

각 과의 주제와 관련한 내용으로 그림과 함께 주어진 문제를 풀면서 청취력을 키울 수 있습니다.

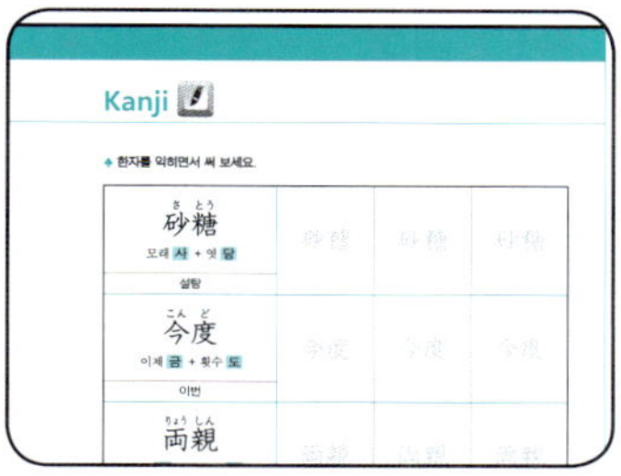

Kanji

본문에서 다룬 단어의 뜻과 음을 익히고 한자를 직접 쓰면서 자연스럽게 외울 수 있도록 하였습니다.

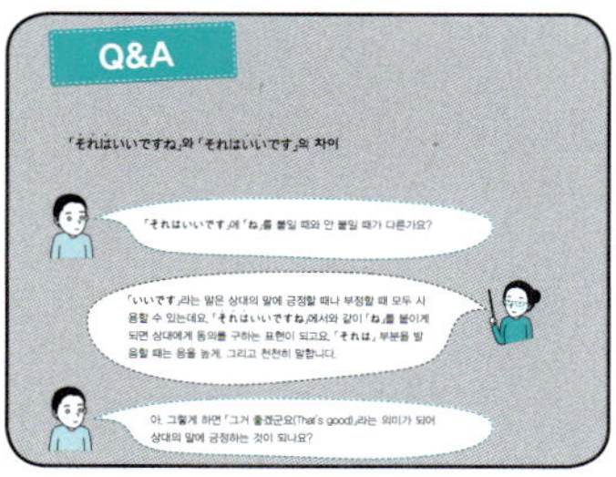

Q&A

일본어를 배우면서 헷갈리기 쉬운 표현들을 묻고 답하기 형식의 대화로 구성하여 글을 읽으면서 올바른 일본어를 쓸 수 있도록 하였습니다.

등장인물

[Dialogue 1]

イ・ヘミ : 22세.
일본에 유학 온
한국인 교환 유학생

山田(やまだ) : 23세.
대학 4학년에 재학 중인
일본인. 이혜미의 친구

[기타]

お店の人(みせ, ひと) : 슈퍼마켓 / 1과, 미용실 / 12과

医者(いしゃ) : 2과

先生(せんせい) : 이혜미와 야마다의 대학 일본어 선생님 / 7과 · 9과

男の人(おとこ, ひと) : 지나가는 사람 / 10과

[Dialogue 2]

アン・ジュホ : 28세.
한국에서 일본으로
파견 온 한국인 회사원

鈴木(すずき) : 31세.
안주호가 근무하고 있는
일본 회사의 직장 선배

[기타]

職員(しょくいん) : 우체국 직원 / 5과

社員(しゃいん) : 거래처 직원 / 12과

部長(ぶちょう) : 안주호와 스즈키의 직장 상사 / 13과

제1과

調味料が並んでいます

조미료가 진열되어 있습니다.

~て ~て

~ている／~てみる

~たい／~ほしい

▶ Learning Point

이번 과에서는 동사의 「て형」을 이용하여 여러 문장을 한 문장으로 길게 연결하는 연습을 해 봅니다. 또한 「て형」을 응용하여 「~하고 있다」와 「~해 보다」에 해당하는 표현에 대해 배웁니다.

Dialogue 1

Track 01

[スーパーで]

イ　　あのう、すみません。洗剤が買いたいのですが、どこにありますか。

店の人　台所用ですか、洗濯用ですか。

イ　　台所用です。

店の人　じゃ、あちらの３番のところで探してみてください。

イ　　それから、砂糖がほしいのですが。

店の人　調味料売り場ですね。ここから、まっすぐ行って、２つ目のところを右に曲がってください。

そのあたりに、調味料が並んでいます。

낱말과 표현

- 洗剤(せんざい) 세제
- 買(か)う 사다
- ～たい ～고 싶다
- ある 있다
- 台所用(だいどころよう) 주방용
- 洗濯用(せんたくよう) 세탁용
- ３番(さんばん) 3번
- ところ 곳
- 探(さが)す 찾다
- 砂糖(さとう) 설탕
- ほしい 갖고 싶다
- 調味料(ちょうみりょう) 조미료
- 売(う)り場(ば) 파는 곳
- まっすぐ 곧장
- 行(い)く 가다
- ２(ふた)つ目(め) 2번째
- 右(みぎ) 오른(쪽)
- 曲(ま)がる 돌다
- 並(なら)ぶ 늘어서다

Conversation practice 1

♣ 다음 밑줄 친 부분을 바꾸어 회화를 연습해 보세요.

1

A：あのう、すみません。①洗剤が買いたいのですが。
B：②台所用ですか、洗濯用ですか。

1. ① 部屋を予約する　　② 和室 / 洋室
2. ① ソウル駅まで行く　　② 地下鉄 / バス
3. ① 小包を送る　　② 国内 / 海外

2

A：それから、①砂糖がほしいのですが。
B：②調味料売り場ですね。

1. ① ミルク　　② 飲み物
2. ① インスタントラーメン　　② 食品
3. ① ノート　　② 文房具

어휘 部屋(へや) 방 | 予約(よやく) 예약 | 和室(わしつ) 일본식 방 | 洋室(ようしつ) 서양식 방 | 駅(えき) 역 | 地下鉄(ちかてつ) 지하철 | バス 버스 | 小包(こづつみ) 소도 | 送(おく)る 보내다 | 国内(こくない) 국내 | 海外(かいがい) 해외 | ミルク 우유 | 飲(の)み物(もの) 마실 것 | インスタントラーメン 인스턴트 라면 | 食品(しょくひん) 식품 | ノート 노트 | 文房具(ぶんぼうぐ) 문방구

Dialogue 2

Track 02

［スケジュール］

アン　今度(こんど)の休(やす)み、どうしますか。

鈴木(すずき)　まず、田舎(いなか)に帰(かえ)って、両親(りょうしん)に会(あ)って、それから子(こ)どもを連(つ)れて、ディズニーランドへ遊(あそ)びに行(い)って、最後(さいご)の一日(いちにち)は、ゆっくり休(やす)みます。

アン　それはいいですね。

鈴木　アンさんは、ソウルへ帰(かえ)りますか。

アン　いいえ、帰(かえ)りません。東京(とうきょう)にいます。

鈴木　東京(とうきょう)で何(なに)をするのですか。

アン　旅行(りょこう)します。日本語(にほんご)の勉強(べんきょう)にもなりますから。

낱말과 표현

今度(こんど) 이번
休(やす)み 휴일
まず 우선
田舎(いなか) 시골, 고향
帰(かえ)る 돌아가다
両親(りょうしん) 부모
会(あ)う 만나다
子(こ)ども 아이
連(つ)れる 데리고 가다
ディズニーランド 디즈니랜드
遊(あそ)ぶ 놀다
最後(さいご) 마지막
一日(いちにち) 하루
ゆっくり 충분히
休(やす)む 쉬다
ソウル 서울
東京(とうきょう) 도쿄
いる 있다
する 하다
旅行(りょこう) 여행
日本語(にほんご) 일본어
勉強(べんきょう) 공부

Conversation practice 2

♣ 다음 밑줄 친 부분을 바꾸어 회화를 연습해 보세요.

1

A：①今度(こんど)の休(やす)み、どうしますか。

B：②ゆっくり休(やす)みます。

1 ① 今週(こんしゅう)の土曜日(どようび)　② 映画(えいが)を見(み)る

2 ① お昼(ひる)　② お弁当(べんとう)を食(た)べる

3 ① 週末(しゅうまつ)　② 友(とも)だちに会(あ)う

2

A：①東京(とうきょう)で何(なに)をするのですか。

B：②旅行(りょこう)します。③日本語(にほんご)の勉強(べんきょう)にもなりますから。

1 ① 公園(こうえん)　② 散歩(さんぽ)　③ 運動(うんどう)

2 ① ソウル　② アルバイト　③ 経験(けいけん)

3 ① 友(とも)だちの家(いえ)　② 料理(りょうり)　③ 練習(れんしゅう)

어휘 今週(こんしゅう) 이번 주 | 土曜日(どようび) 토요일 | 映画(えいが) 영화 | 見(み)る 보다 | 昼(ひる) 점심 | 弁当(べんとう) 도시락 | 食(た)べる 먹다 | 週末(しゅうまつ) 주말 | 友(とも)だち 친구 | 公園(こうえん) 공원 | 散歩(さんぽ) 산책 | 運動(うんどう) 운동 | アルバイト 아르바이트 | 経験(けいけん) 경험 | 家(いえ) 집 | 料理(りょうり) 요리 | 練習(れんしゅう) 연습

Key-point

01 ～てみる

「～해 보다」라는 뜻의 「～てみる」는 무언가를 시도하거나 시험적으로 해 본다는 의미로 사용한다.

예 それは、ちょっと考(かんが)えてみます。
그건 좀 생각해 보겠습니다.

図書館(としょかん)で本(ほん)を探(さが)してみます。
도서관에서 책을 찾아 보겠습니다.

02 의문사+のですか

「洗剤(せんざい)はどこにありますか」와 같이 의문사 뒤에 「の」가 없는 경우는 단순하고 평범한 의문에 지나지 않지만, 「洗剤(せんざい)はどこにあるんですか」와 같이 「の(ん)」가 의문사 뒤에 오는 경우는 「슈퍼에 세제가 없을 리가 없다. 있는 곳을 알려달라」고 하는 말하는 사람의 감정 표현으로 바뀌게 된다. 「なぜ(왜) / どうして(어째서)」와 같은 의문사는 반드시 뒤에 「～のですか」와 호응하는데, 단, 질문하는 사람이 대답을 알고 있는 경우에는 뒤에 「の」를 붙이지 않는다.

예 どうしてその事故(じこ)が起(お)こりましたか。
(묻는 사람이 일어난 사고에 대해 알고 있는 경우) 왜 그 사고가 일어났습니까?

どうしてその事故(じこ)が起(お)こったのですか。
(묻는 사람이 왜 사고가 일어났는지 원인을 모르는 경우) 왜 그 사고가 일어난 것입니까?

03 명사+が+ほしい

명사에 접속하는 「～が＋ほしい」는 앞에 조사 「を」가 아닌 「が」가 오는 것이 특징이다. 「ほしい」는 조동사 「たい」와 마찬가지로 말하는 사람의 욕망을 드러내는 어린아이와 같은 표현이기 때문에, 이런 느낌을 덜기 위해 문장 뒤에는 의뢰문을 생략한 「～のですが」와 함께 사용하거나, 가까운 사이에서는 희망이나 바람 등을 담은 「～ですね」가 오게 된다. 단, 「～のですが」에서 「が」를 떼고 「～たい / ～ほしい＋のです」라고 하게 되면 듣는 사람을 향한 요구나 의뢰, 명령이 되어 버린다.

예 日本製のカメラがほしいのですが、どこで売っていますか。
일본제 카메라를 갖고 싶은데요, 어디에서 팔아요?

今日は、アイスコーヒーが飲みたいですね。
오늘은 아이스 커피를 마시고 싶네요.

04 사람+に+～てほしい

다이얼로그에는 나오지 않지만 「사람＋に＋～てほしい」는 누군가에게 무언가를 해 주기를 바란다는 표현으로, 「ほしい」에서의 설명과 똑같이 희망이나 욕망을 나타내므로 가까운 관계에서만 사용한다.
「～のですが」에서의 「が」를 떼고 「～てほしい＋のです」라고 하면 의뢰나 명령이 되고, 이는 「사람＋に＋～てもらう」와 의미가 비슷하다. ☞ 제8과 113p 참조

예 (みんなに)静かにしてほしいんですが。
(모두가) 조용히 해 주었으면 하는데요.

これ、(あなたに)書いてほしいんです。(의뢰)
이것, (당신이) 써 주었으면 합니다.

Grammar

1. ～て～て

「～て～て」의 연결은 앞의 일이 일어난 후 바로 그 다음 일이 일어난다는 느낌의 앞뒤 사건의 긴밀한 시간적 계기를 나타낸다. 한 문장에 여러 번의 「て형」을 사용하여 문장을 길게 연결할 수 있다.

예 家に帰って、ご飯を食べて、宿題をして、10時ごろ寝ます。
집에 돌아와서 밥을 먹고 숙제를 하고 10시 경에 잡니다.

日曜日には、彼に会って、映画を見て、食事をしました。
일요일에는 그를 만나서 영화를 보고 식사를 했습니다.

2. ～ている

「～ている」는 한창 진행 중인 것, 즉, 「개시와 종료의 사이」를 나타내거나 「완료와 재변화의 사이」 또는 「습관이나 반복 동작」 등을 나타낸다.

예 父は今、新聞を読んでいます。(개시와 종료의 사이)
아빠는 지금 신문을 읽고 있습니다.

子どもは学校に行っています。(완료[학교에 감]와 재변화[집에 돌아옴]의 사이)
아이는 학교에 가 있습니다.

毎日1時間くらい散歩しています。(습관이나 반복 동작)
매일 1시간 정도 산책하고 있습니다.

3. 동사의 ます형 + たい

「동사의 ます형+たい」는 「ほしい」와 마찬가지로 직접적인 희망이나 욕망을 나타내기 때문에 성인이 「~たいです」라고 하면 어린애같은 유치한 표현이 될 수 있어 적합하지 않다. 그러한 이유로 뒤에 「~のです」와 함께 「~が」나 「~けど」를 붙이게 되는데, 이때의 「~のですが」 또는 「~のですけど」에는 말하는 사람의 수줍음이나 주저함 등의 마음을 담게 된다.

예 ちょっと具合が悪くて、明日の授業、休みたいのですが。
몸이 좀 안 좋아서 내일 수업 쉬고 싶은데요.

あの、すみません。これ、10枚ずつコピーしたいのですけど。
저기, 실례합니다. 이거 10장씩 복사하고 싶은데요.

4. 목적을 나타내는 に

동사의 ます형이나 「食事」, 「運動」 등과 같은 동작을 나타내는 명사에 「に」가 붙으면 목적을 나타낸다. 보통은 「に」 뒤에 「~に+行く(~하러 가다)」 「~に+来る(~하러 오다)」 「~に+出かける(~하러 나가다)」 등과 같이 사용하는 일이 많고, 앞에 오는 장소에는 조사 「へ」나 「まで」가 붙는다.

예 去年の夏休みは、友だちと一緒に海へ遊びに行きました。
작년 여름방학에는 친구와 함께 바다로 놀러 갔습니다.

銀行まで(へ/×に)お金を下ろしに行きます。
은행까지(으로) 돈을 찾으러 갑니다.

Review

1 다음을 보기와 같이 문장을 바꾸세요.

보기 あちらの３番(ばん)のところで探(さが)す。
→ あちらの３番(ばん)のところで探(さが)してみてください。

1 彼(かれ)に連絡(れんらく)する。 → 彼(かれ)に＿＿＿＿＿＿＿＿

2 このパンを１つ(ひと)食(た)べる。 → このパンを１つ(ひと)＿＿＿＿＿＿＿＿

3 風邪(かぜ)だから病院(びょういん)に行(い)く。 → 風邪(かぜ)だから病院(びょういん)に＿＿＿＿＿＿＿＿

2 다음을 보기와 같이 문장을 바꾸세요.

보기 田舎(いなか)に帰(かえ)る / 両親(りょうしん)に会(あ)う / ゆっくり休(やす)む
→ 田舎(いなか)に帰(かえ)って、両親(りょうしん)に会(あ)って、ゆっくり休(やす)みます。

1 お茶(ちゃ)を飲(の)む / お菓子(かし)を食(た)べる / 話(はな)し合(あ)う

→ ＿＿＿＿＿＿＿＿

2 切符(きっぷ)を買(か)う / 階段(かいだん)を下(お)りる / 地下鉄(ちかてつ)に乗(の)る

→ ＿＿＿＿＿＿＿＿

3 先生(せんせい)に会(あ)う / 相談(そうだん)をする / 家(いえ)に帰(かえ)る

→ ＿＿＿＿＿＿＿＿

어휘 彼(かれ) 그 | 連絡(れんらく) 연락 | パン 빵 | １(ひと)つ 한 개 | 風邪(かぜ) 감기 | 病院(びょういん) 병원 | お茶(ちゃ) 차 | 飲(の)む 마시다 | お菓子(かし) 과자 | 話(はな)し合(あ)う 서로 이야기하다 | 切符(きっぷ) 표 | 階段(かいだん) 계단 | 降(お)りる 내려가다 | 乗(の)る 타다 | 先生(せんせい) 선생님 | 相談(そうだん) 상담

3 다음을 보기와 같이 문장을 바꾸세요.

보기 友(とも)だちと映画(えいが)を見(み)る。
→ 友(とも)だちと映画(えいが)を見(み)たいですね。

1 将来(しょうらい)、日本語(にほんご)を教(おし)える。 → ______

2 アメリカで勉強(べんきょう)する。 → ______

3 日曜日(にちようび)にはゆっくり休(やす)む。 → ______

4 다음 문장을 일본어로 작문하세요.

1 저쪽 3번인 곳에서 찾아 보세요.

→ ______

2 도쿄에서 무엇을 할 거에요?

→ ______

3 일본어 공부도 되니까요.

→ ______

어휘 将来(しょうらい) 장래 | 教(おし)える 가르치다 | アメリカ 미국 | 日曜日(にちようび) 일요일

Listening

Track 03

1 다음 대화를 듣고 해당하는 그림을 고르세요.

a.	b.	c.
		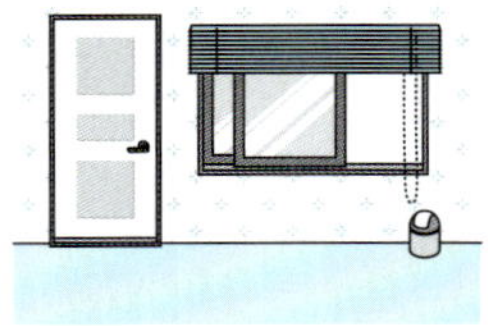

1 (　　　)　　2 (　　　)　　3 (　　　)

2 다음 물건들은 각각 몇 층에서 팔고 있는지 대화를 듣고 고르세요.

1

a. 3階　b. 4階　c. 5階

(　　　)

2

a. 5階　b. 6階　c. 7階

(　　　)

어휘 本(ほん) 책 | 落(お)ちる 떨어지다 | 本当(ほんとう) 정말 | 誰(だれ) 누구 | 聞(き)く 묻다 | 寒(さむ)い 춥다 | 窓(まど) 창 | 開(あ)く 열리다 | 閉(し)める 닫다 | 私(わたし) 저 | 苦手(にがて)だ 싫어하다 | 待(ま)つ 기다리다 | 人(ひと) 사람 | たくさん 많이 | 今日(きょう) 오늘 | 有名(ゆうめい)だ 유명하다 | 歌手(かしゅ) 가수 | コンサート 콘서트 | カメラ 카메라 | ～階(かい) ～층 | 女性(じょせい) 여성 | シャツ 셔츠 | 売(う)る 팔다 | ビル 빌딩

Kanji

♣ 한자를 익히면서 써 보세요.

한자	쓰기		
さ とう 砂糖 모래 사 + 엿 당 설탕	砂糖	砂糖	砂糖
こん ど 今度 이제 금 + 횟수 도 이번	今度	今度	今度
りょう しん 両親 두 량 + 어버이 친 부모, 양친	両親	両親	両親
さい ご 最後 가장 최 + 뒤 후 최후	最後	最後	最後
べん きょう 勉強 힘쓸 면 + 강할 강 공부	勉強	勉強	勉強

Q&A

「それはいいですね」와 「それはいいです」의 차이

「それはいいです」에 「ね」를 붙일 때와 안 붙일 때가 다른가요?

「いいです」라는 말은 상대의 말에 긍정할 때나 부정할 때 모두 사용할 수 있는데요. 「それはいいですね」에서와 같이 「ね」를 붙이게 되면 상대에게 동의를 구하는 표현이 되고요. 「それは」 부분을 발음할 때는 음을 높게, 그리고 천천히 말합니다.

아, 그렇게 하면 「그거 좋겠군요(That's good)」라는 의미가 되어 상대의 말에 긍정하는 것이 되나요?

네, 그렇죠. 반면에 「ね」를 붙이지 않고 「それはいいです」라고 말하면 상대가 제안하는 것을 사양하는 의미가 됩니다. 이때에는 「いい」라는 부분을 높게 발음합니다.

그렇게 되면 「그건 괜찮아요(I don't need it)」라는 뜻으로 사양하는 표현이 되는 것이군요. 문장 끝에 「ね」가 있느냐 없느냐에 따라서도 뜻이 달라지네요.

제2과

無理をしないでください

무리하지 마세요.

ない형

～ないでください

～なければなりません

▶ Learning Point

이번 과에서는 동사의 부정형인 「ない형」에 대해 배웁니다. 또한 「～하지 마세요」라는 금지 표현과 「～해야 해요」라는 의무 표현에 대해서도 알아봅니다.

Dialogue 1

Track 04

［休憩時間］

山田	イさん、どうしたんですか。顔色が悪いですよ。
イ	ええ、ちょっと気分が悪いんです。 のどが痛くて、声がおかしいでしょう？
山田	それはいけませんね。先生に言って、早く帰りますか。
イ	大丈夫です。風邪ですから。
山田	ほら、こんなに熱があるじゃありませんか。せきは？
イ	ありません。本当に大丈夫です。
山田	ダメです。無理をしないでください。 病院に行かなければいけませんね。

낱말과 표현

顔色(かおいろ) 안색
悪(わる)い 나쁘다
気分(きぶん) 기분
のど 목
痛(いた)い 아프다
声(こえ) 목소리
おかしい 이상하다
早(はや)く 일찍
大丈夫(だいじょうぶ)だ 괜찮다
風邪(かぜ) 감기
熱(ねつ) 열
せき 기침
本当(ほんとう)に 정말로
ダメだ 안 된다
無理(むり) 무리
病院(びょういん) 병원

Conversation practice 1

♣ 다음 밑줄 친 부분을 바꾸어 회화를 연습해 보세요.

1

A：イさん、どうしたんですか。①顔色が悪いですよ。
B：ええ、ちょっと②気分が悪いんです。

1. ① 何かあったんですか　② 傘を忘れてきました
2. ① どこか悪いんですか　② 頭が痛いんです
3. ① 元気がありませんね　② 具合が悪いんです

2

A：ほら、こんなに①熱があるじゃありませんか。
B：②本当に大丈夫です。

1. ① 雨が降っている　② そんなにひどくないので
2. ① 汚れている　② 洗濯しますから
3. ① 間違っている　② やり直しますから

어휘 傘(かさ) 우산 | 忘(わす)れる 잊다 | 頭(あたま) 머리 | 元気(げんき) 기운 | 具合(ぐあい) 몸 상태 | 雨(あめ) 비 | 降(ふ)る 내리다 | そんなに 그렇게 | ひどい 심하다 | 汚(よご)れる 더러워지다 | 間違(まちが)う 틀리다 | やり直(なお)す 다시 하다

Dialogue 2

Track 05

［病院(びょういん)で］

医者(いしゃ)　どうしましたか。

アン　ちょっと熱(ねつ)があります。

医者　口(くち)を開(あ)けて、あ～。のどは痛(いた)いですか。

アン　いいえ、痛(いた)くありません。でもちょっと、頭(あたま)が痛(いた)いです。

医者　風邪(かぜ)ですね。薬(くすり)を出(だ)しますから、食事(しょくじ)のあとで、飲(の)んでください。晩(ばん)ご飯(はん)は、うどんかおかゆですね。今夜(こんや)は、お風呂(ふろ)に入(はい)らないで、早(はや)く寝(ね)なければいけませんよ。

アン　はい、わかりました。

医者　お大事(だいじ)に。

낱말과 표현

- 口(くち) 입
- 開(あ)ける 열다
- 薬(くすり) 약
- 出(だ)す 내다
- 食事(しょくじ) 식사
- あと 후, 나중
- 飲(の)む 삼키다
- 晩(ばん)ご飯(はん) 저녁밥
- うどん 우동
- かゆ 죽
- 今夜(こんや) 오늘 밤
- 風呂(ふろ)に入(はい)る 목욕하다
- 寝(ね)る 자다
- わかる 알다
- お大事(だいじ)に 몸조리 잘하세요

Conversation practice 2

♣ 다음 밑줄 친 부분을 바꾸어 회화를 연습해 보세요.

1

A：どうしましたか。

B：ちょっと①熱があります。

1. ① せきが出ます。
2. ① のどが痛いんです。
3. ① 風邪を引きました。

2

A：①のどは②痛いですか。

B：いいえ、②痛くありません。でもちょっと、③頭が痛いです。

	①	②	③
1	家	狭い	交通が不便
2	カバン	重い	数が多い
3	レストラン	遠い	高い

어휘 出(で)る 나오다 | 引(ひ)く (감기에) 걸리다 | 狭(せま)い 좁다 | 交通(こうつう) 교통 | 不便(ふべん)だ 불편하다 | カバン 가방 | 重(おも)い 무겁다 | 数(かず) 수 | 多(おお)い 많다 | レストラン 레스토랑 | 遠(とお)い 멀다 | 高(たか)い 비싸다

Key-point

01 ～ないでください

「～ないで＋ください」는 확실한 상하 관계이거나 공권력이 있는 사람 등이 사용하는 경우 명령을 나타낼 수 있으며, 편지 등의 글에서가 아니라면 가정에서 부모가 아이에게 사용하는 일은 없다. 만약 가정에서 사용하는 일이 있다면 손아랫사람이 손윗사람에 대한 의뢰가 된다.

예 ここに車(くるま)を止(と)めないでください。(명령)
여기에 차를 세우지 마세요.

お父(とう)さん、タバコを吸(す)わないでください。(의뢰)
아버지, 담배를 피우지 마세요.

02 ～なければなりません

「～なければ＋なりません」은 말하는 사람의 상식이나 사회적 통념, 도덕윤리 수준에서의 의무를 나타낸다. 이중 부정 표현이므로 강한 긍정의 뜻이 된다.

예 明日(あした)はテストですから、早(はや)く起(お)きなければなりません。
내일은 시험이기 때문에 일찍 일어나야 합니다.

車(くるま)も人(ひと)も信号(しんごう)を守(まも)らなければなりません。
차도 사람도 신호를 지켜야 합니다.

03 ～ないで

「동사＋ないで」는 「～ないで」를 기준으로 앞뒤 상황이 같은 시간대에 있는 것을 나타낸다.

예 誰にも言わないで、家に帰りました。
아무에게도 말하지 않고 집에 돌아갔습니다.

彼は結婚しないで、両親と一緒に住んでいます。
그는 결혼하지 않고 부모님과 함께 살고 있습니다.

04 お大事に

「お大事に」는 문병갔을 때의 입원 중인 환자에게, 혹은 병에 걸려 있거나 감기 등으로 아픈 사람과 헤어질 때 쓰는 말로, 이 이상 몸을 나쁘게 하면 큰일이므로 주의하라는 뜻으로 사용한다.

예 A：風邪ですから、ゆっくり休んでこの薬を飲んでください。
감기이니까 충분히 쉬고 이 약을 먹으세요.

B：はい、わかりました。 네, 알겠습니다.

A：お大事に。 몸조리 잘하세요.

Grammar

1. 동사의 ない형

1그룹 동사	2그룹 동사	3그룹 동사	
어미를 あ단으로 바꾸고 + ない	어미 る를 떼고 + ない	무조건 암기	
예 いく(가다) ↓ いか＋ない (가지 않다)	예 おきる(일어나다) ↓ おき＋ない (일어나지 않다)	くる(오다) ↓ こない (오지 않다)	する(하다) ↓ しない (하지 않다)

주의 1) 「う」로 끝나는 1그룹 동사는 「あ단」으로 바꿀 때 어미를 「あ」가 아닌 「わ」로 바꾸어야 한다.

예 あう 만나다 → ああない (×) → あわない (○)

2) 동사 「ある」는 「있지 않다」라는 부정형을 만들 수 없고, 부정의 의미를 나타낼 때는 「없다」라는 뜻의 い형용사인 「ない」로 대신한다.

예 ある 있다 → あらない (×) → ない (○)

2. 동사의 ない형의 정중한 표현

동사를 정중하게 표현할 때는 「ない형」에 바로 「です」를 붙여서 「～ないです」라고 할 수 없고, 「～ません」을 사용해야 한다.

예 今日(きょう)は学校(がっこう)に行(い)きません。(○)
오늘은 학교에 가지 않습니다.
今日(きょう)は学校(がっこう)に行(い)かないです。(×)

3. 동사의 ない형 바꾸기

♣ 다음 표를 완성해 보세요.

기본형	동사 분류	ない형
会う(만나다)		
行く(가다)		
する(하다)		
いる(있다)		
泳ぐ(헤엄치다)		
話す(이야기하다)		
起きる(일어나다)		
ある(있다)		
待つ(기다리다)		
死ぬ(죽다)		
来る(오다)		
帰る(돌아가다)		
飲む(마시다)		
食べる(먹다)		

Review

1 다음을 보기와 같이 문장을 바꾸세요.

보기 無理(むり)をする。
→ 無理(むり)をしないでください。

1. 部屋(へや)でタバコを吸(す)う。 → ______
2. ここにゴミを捨(す)てる。 → ______
3. 教室(きょうしつ)では、大声(おおごえ)で話(はな)す。 → ______

2 다음을 보기와 같이 문장을 바꾸세요.

보기 病院(びょういん)に行(い)く。
→ 病院(びょういん)に行(い)かなければなりません。

1. 明日(あした)までにレポートを出(だ)す。 → ______
2. 早(はや)く家(いえ)に帰(かえ)る。 → ______
3. 仕事(しごと)を急(いそ)ぐ。 → ______

어휘 タバコ 담배 | 吸(す)う 피우다 | ゴミ 쓰레기 | 捨(す)てる 버리다 | 教室(きょうしつ) 교실 | 大声(おおごえ) 큰 목소리 | 明日(あした) 내일 | レポート 리포트 | 仕事(しごと) 일 | 急(いそ)ぐ 서두르다

3 다음을 보기와 같이 문장을 바꾸세요.

> **보기** 食事 / この薬を飲む
>
> → 食事のあとで、この薬を飲んでください。

1. 掃除 / 窓を閉める

   → ______________________________

2. 運動 / お風呂に入る

   → ______________________________

3. 勉強 / 机の上を片付ける

   → ______________________________

4 다음 문장을 일본어로 작문하세요.

1. 안 됩니다. 무리하지 마세요.

   → ______________________________

2. 목은 아프지 않습니다. 하지만 좀 머리가 아파요.

   → ______________________________

3. 오늘 밤은 목욕하지 말고 일찍 자야 합니다.

   → ______________________________

어휘 掃除(そうじ) 청소 | 窓(まど) 창 | 閉(し)める 닫다 | 机(つくえ) 책상 | 片付(かたづ)ける 정리하다

Listening

Track 06

1 다음 의사와 환자의 대화를 듣고 해당하는 증상에 체크하세요.

症状(しょうじょう)	1 山田(やまだ)さん	2 イさん
a. 熱(ねつ)がある		
b. せきが出(で)る		
c. のどが痛(いた)い		
d. 頭(あたま)が痛(いた)い		

2 다음 대화를 듣고 해당하는 그림을 고르세요.

a.	b.	c.

1 (　　　　)　　2 (　　　　)　　3 (　　　　)

어휘 昨日(きのう) 어제 | 測(はか)る (열을) 재다 | それに 게다가 | 止(と)まる 멈추다 | 止(と)める 세우다 | 駐車場(ちゅうしゃじょう) 주차장 | 利用(りよう) 이용 | 失礼(しつれい) 실례 | 天気(てんき) 날씨 | 中(なか) 안 | みなさん 여러분 | 走(はし)る 달리다 | とても 매우 | 危(あぶ)ない 위험하다

Kanji

♣ 한자를 익히면서 써 보세요.

かおいろ 顔色 얼굴 안 + 빛 색 안색	顔色	顔色	顔色
かぜ 風邪 감기 풍 + 나쁜 기운 사 감기	風邪	風邪	風邪
むり 無理 없을 무 + 이치 리 무리	無理	無理	無理
びょういん 病院 병 병 + 집 원 병원	病院	病院	病院
ふろ 風呂 바람 풍 + 성씨 려 목욕	風呂	風呂	風呂

Q&A

「どうしたんですか」와 「どうしましたか」의 차이

「どうしたんですか」와 「どうしましたか」는 같은 뜻 아닌가요?

「どうしたんですか(What is wrong？)」는 「～んです」의 부분에 말하는 사람의 감정이 담겨 있는데요. 한국어로는 「무슨 일이에요?」 혹은 「왜 그래요?」라고 하는 걱정을 나타낸다고 할 수 있어요.

아, 무언가 문제가 있는 것인가 걱정하며 묻는 표현이 되겠군요.

네, 반면에 「どうしましたか(Is anything wrong?)」는 「어떤 문제가 있나요?」라고 하는 물음이 됩니다. 문제가 있다는 전제를 두고 그것이 어떤 것인가 묻는 거에요.

아~, 그래서 병원에 오는 환자를 향한 의사의 첫 마디가 바로 「どうしましたか」가 되는 것이군요. 병원에 오는 사람은 우선 자신의 몸의 어딘가에 문제가 있어 왔다고 하는 전제하에 그것이 어떤 문제인가를 묻는 물음이 될 테니까요.

제3과

私の趣味は小説を読むことです

제 취미는 소설을 읽는 것입니다.

사전형

~ことです／~のです

~のは／~のが

~ことになる

~ことができる

▶ Learning Point

이번 과에서는 「사전형」과 그 사용법에 대해 학습하고, 또한 「사전형＋こと」와 「사전형＋の」의 차이점을 비교해 봅니다. 아울러 가능을 나타내는 표현에 대해 알아봅니다.

Dialogue 1

Track 07

［趣味］

山田　何を読んでいるのですか（↑）。日本語のテキストですか（↓）。

日本語の勉強はおもしろいですか（↑）。

イ　難しいですから、そんなにおもしろくありません。

でも日本にいますから、勉強しなければなりません。

山田　それはそうですね。イさんの趣味は何ですか。

イ　音楽を聞くことと、小説を読むことです。

山田　どんな音楽を聞きますか。

イ　日本の歌やジャズですが、寝る前は、

韓国の歌を聞くのが好きです。

낱말과 표현

- 読(よ)む 읽다
- テキスト 교재
- おもしろい 재미있다
- 難(むずか)しい 어렵다
- 日本(にほん) 일본
- 趣味(しゅみ) 취미
- 音楽(おんがく) 음악
- 聞(き)く 듣다
- こと 것
- 小説(しょうせつ) 소설
- 歌(うた) 노래
- ジャズ 재즈
- 前(まえ) 전
- 韓国(かんこく) 한국
- 好(す)きだ 좋아하다

Conversation practice 1

♣ 다음 밑줄 친 부분을 바꾸어 회화를 연습해 보세요.

1

A：イさんの趣味は何ですか。
B：①音楽を聞くことと、②小説を読むことです。

1. ① 絵を描く　② 写真をとる
2. ① 水泳をする　② 旅行する
3. ① 映画を見る　② ギターを弾く

2

A：どんな①音楽を聞きますか。
B：②日本の歌や③ジャズです。

1. ① 番組を見る　② ドラマ　③ ニュース
2. ① 本を読む　② 雑誌　③ エッセイ
3. ① 運動をする　② サッカー　③ ゴルフ

어휘 絵(え) 그림 | 描(か)く 그리다 | 写真(しゃしん)をとる 사진을 찍다 | 水泳(すいえい) 수영 | ギターを弾(ひ)く 기타를 치다 | 番組(ばんぐみ) TV 프로그램 | ドラマ 드라마 | ニュース 뉴스 | 本(ほん) 책 | 雑誌(ざっし) 잡지 | エッセイ 에세이 | サッカー 축구 | ゴルフ 골프

Dialogue 2

Track 08

［出張］

アン	来週、韓国へ出張することになりました。
鈴木	どこですか。
アン	ソウルとプサンです。
鈴木	じゃ、久しぶりに、ご家族や友だちに会うことができますね。
アン	さあ、よくわかりません。部長と一緒ですし。
鈴木	そうですね。出張中は忙しいですからね。
アン	ええ、時間を見て決めます。無理な場合は家族に電話してみます。
鈴木	部長と一緒に行くのは、ちょっと疲れるかもしれませんね。
アン	いえ、大丈夫ですよ。

낱말과 표현

- 来週(らいしゅう) 다음 주
- 出張(しゅっちょう) 출장
- プサン 부산
- 久(ひさ)しぶりだ 오래간만이다
- 家族(かぞく) 가족
- 部長(ぶちょう) 부장(님)
- 一緒(いっしょ) 함께
- 忙(いそが)しい 바쁘다
- 時間(じかん) 시간
- 決(き)める 정하다
- 場合(ばあい) 경우
- 電話(でんわ) 전화
- 疲(つか)れる 피곤하다

Conversation practice 2

♣ 다음 밑줄 친 부분을 바꾸어 회화를 연습해 보세요.

1

A：来週、①韓国へ出張することになりました。

B：どこですか。

A：②ソウルと③プサンです。

	①	②	③
1	① 日本	② 京都	③ 大阪
2	① 中国	② 北京	③ 上海
3	① フランス	② パリ	③ マルセイユ

2

A：久しぶりに、①ご家族に会うことができますね。

B：さあ、よくわかりません。②部長と一緒ですし。

	①	②
1	① ゆっくり休む	② 宿題も多い
2	① 温泉に行く	② 予約もまだ
3	① 山に登る	② 天気も悪い

어휘 京都(きょうと) 교토 | 大阪(おおさか) 오사카 | 中国(ちゅうごく) 중국 | 北京(ペキン) 베이징 | 上海(シャンハイ) 상하이 | フランス 프랑스 | パリ 파리 | マルセイユ 마르세유 | 宿題(しゅくだい) 숙제 | 温泉(おんせん) 온천 | まだ 아직 | 山(やま) 산 | 登(のぼ)る 오르다 | 天気(てんき) 날씨

Key-point

01 ～ことです

앞 문장의 동사구에 「～こと」를 연결하면 동사구가 명사로 바뀌게 된다.

예 私の趣味は写真をとることです。 제 취미는 사진을 찍는 것입니다.

日本語は、漢字を書くことが難しいです。 일본어는 한자를 쓰는 것이 어렵습니다.

02 ～ことになる

「～ことになる」에서의 「こと」는 「사실」이라는 명사 대신 쓰인 말로, 바꾸어 말하면 「～(라는) 사실이 되다」라는 의미라고 할 수 있다.

예 来月、結婚することになりました。 다음 달에 결혼하게 되었습니다.

来年、日本に留学することになりました。 내년에 일본으로 유학하게 되었습니다.

03 ～ことができる

「～ことができる」에서의 「こと」는 시간과 더불어 태어나거나 변화하거나 소멸하는 추상적인 것으로, 말하는 사람 개인의 사실, 사건, 경험, 습관, 생각, 판단 등을 나타내며 여러 가지 명사를 대신하게 된다.

예 久しぶりに、友だちに会うことができますね。

오랜만에 친구를 만날 수가 있겠네요.

日本料理を作ることができます。

일본요리를 만들 수가 있습니다.

04 できる

동사「できる」는「～ことができる」에서와 같이 사람의 능력이나 기술, 가능성을 나타내기도 하고, 허가나 허가 요구를 나타내기도 한다.

예 キムさんは、日本語ができますか。(능력)
김○○ 씨는 일본어를 할 수 있습니까?

今週の試合、できますか。(가능성)
이번 주 시합, 할 수 있습니까?

ここで水泳はできません。(허가)
여기에서 수영은 할 수 없습니다.

来週、家の近くにスーパーができます。(출현)
다음 주, 집 근처에 슈퍼가 생깁니다.

05 ～かもしれません

「～かもしれません」은 말하는 사람이 자신 없어 하는 면에서 완곡함과 겸허함을 나타내는데, 눈앞에서 전개되지 않은 일이나 말하는 사람의 경험이 아닌 일에도 사용한다.

예 明日は、図書館に行かないかもしれません。
내일은 도서관에 안 갈지도 모릅니다.

このシャツは、私に大きいかもしれません。
이 셔츠는 저에게 클지도 모릅니다.

Grammar

1. 사전형

동사나 い형용사 등의 사전형은 첫째, 명사를 수식하는 기능과 둘째, 인용문의 문말, 셋째, 「비공손체」의 문말 등에서 사용된다.

예 友だちと山に登る日曜日が楽しみです。 (명사 수식)

친구와 산에 오르는 일요일이 낙입니다.

日曜日に友だちと山に登りたいと思います。 (인용)

일요일에 친구와 산에 오르고 싶습니다.

日曜日には友だちと山に登る。 (비공손체)

일요일에는 친구와 산에 오른다.

2. ～のは

「～のは」를 사용하는 것은 다음의 두 가지 경우에서이다. ☞ 제3과 50p 「Q&A」 참조

예 彼が日本に留学に来たのは、去年です。

(모르는 것을 가르쳐 줄 때) 그가 일본에 유학하러 온 것은 작년입니다.

タバコを吸うのは体に悪いです。

(듣는 사람에게 어떤 정보를 줄 때) 담배를 피우는 것은 몸에 나쁩니다.

3. ～のが

「～のが」를 사용하는 것은 다음의 두 가지 경우에서이다. ☞ 제3과 50p 「Q&A」 참조

예 鈴木さんは、料理をするのが好きです。

(다른 것이 아닌 바로 이것이라는 의미일 때) 스즈키 씨는 요리하는 것을 좋아합니다.

この道、むかし狭かったのが、今は広くなりました。

(과거의 것이 현재 변화했을 때) 이 길, 옛날에 좁았던 것이 지금은 넓어졌습니다.

4. 동사의 사전형 바꾸기

♣ 다음 표를 완성해 보세요.

ない형	동사 분류	사전형
会わない(만나지 않다)		
行かない(가지 않다)		
しない(하지 않다)		
いない(없다)		
泳がない(헤엄치지 않다)		
話さない(이야기하지 않다)		
起きない(일어나지 않다)		
乗らない(타지 않다)		
待たない(기다리지 않다)		
死なない(죽지 않다)		
来ない(오지 않다)		
帰らない(돌아가지 않다)		
飲まない(마시지 않다)		
食べない(먹지 않다)		

Review

1 다음을 보기와 같이 문장을 바꾸세요.

보기 韓国(かんこく)へ出張(しゅっちょう)する。
→ 韓国(かんこく)へ出張(しゅっちょう)することになりました。

1. 日本(にほん)に留学(りゅうがく)する。 → ______
2. 新(あたら)しい会社(かいしゃ)で働(はたら)く。 → ______
3. 田舎(いなか)へ引(ひ)っ越(こ)す。 → ______

2 다음을 보기와 같이 문장을 바꾸세요.

보기 友(とも)だちに会(あ)う。
→ 友(とも)だちに会(あ)うことができます。

1. 日本語(にほんご)の新聞(しんぶん)を読(よ)む。 → ______
2. インターネットで電話(でんわ)する。 → ______
3. 好(す)きな色(いろ)を選(えら)ぶ。 → ______

어휘 新(あたら)しい 새롭다 | 会社(かいしゃ) 회사 | 働(はたら)く 일하다 | 引(ひ)っ越(こ)す 이사하다 | 新聞(しんぶん) 신문 | インターネット 인터넷 | 色(いろ) 색 | 選(えら)ぶ 선택하다

3 다음 문장을 읽고 괄호 안의 a와 b 중에서 알맞는 것을 고르세요.

1 さくらが咲(さ)く（ a. のが　b. のは ） 4月(がつ)です。

2 私(わたし)は料理(りょうり)をする（ a. のが　b. のは ） 好(す)きです。

3 あそこで、電話(でんわ)をしている（ a. のが　b. のは ） 誰(だれ)ですか。

4 다음 문장을 일본어로 작문하세요.

1 무엇을 읽고 있는 거에요?

→ ______________________________

2 음악을 듣는 것과 소설을 읽는 것입니다.

→ ______________________________

3 오래간만에 가족 분이랑 친구들을 만날 수 있겠군요.

→ ______________________________

어휘 さくら 벚꽃 | 咲(さ)く 피다 | 4月(がつ) 4월

Listening

Track 09

1 다음 대화를 듣고 자연스러운 내용이 되도록 a와 b 중에서 고르세요.

1 a. 読(よ)むことができます。
  b. 読(よ)むことができません。 (　　　)

2 a. 運転(うんてん)することができます。
  b. 運転(うんてん)することができません。 (　　　)

3 a. お酒(さけ)を飲(の)むことができます。
  b. お酒(さけ)を飲(の)むことができません。 (　　　)

2 다음 내용을 듣고 밑줄 친 부분에 들어갈 말을 넣으세요.

今日(きょう)は、みんなでイさんの家(いえ)へ遊(あそ)びに行(い)きました。イさんは、料理(りょうり)を 1 ____________のが得意(とくい)で、いろいろなおいしいものを作(つく)りました。私(わたし)たちは、テーブルを 2 ____________ことと、お皿(さら)を 3 ____________ことを手伝(てつだ)いました。とても楽(たの)しかったです。

어휘 素敵(すてき)だ 멋지다 | 車(くるま) 차 | 父(ちち) 아빠 | 運転(うんてん) 운전 | 酒(さけ) 술 | みんな 모두 | 得意(とくい)だ 자신이 있다 | いろいろだ 여러 가지다 | おいしい 맛있다 | 作(つく)る 만들다 | 私(わたし)たち 우리들 | テーブル 테이블 | 皿(さら) 접시 | 洗(あら)う 씻다 | 手伝(てつだ)う 돕다 | 楽(たの)しい 즐겁다

Kanji

♣ 한자를 익히면서 써 보세요.

おんがく 音楽 소리 음 + 노래 악 음악	音楽	音楽	音楽
かんこく 韓国 한국 한 + 나라 국 한국	韓国	韓国	韓国
らいしゅう 来週 올 래 + 일주일 주 다음 주	来週	来週	来週
しゅっちょう 出張 떠날 출 + 베풀 장 출장	出張	出張	出張
かぞく 家族 집 가 + 일가 족 가족	家族	家族	家族

Q&A

「～のは」와 「～のが」의 차이

「～のは(～것은)」하고 「～のが(～것이)」는 어떻게 구분해야 해요?

우선 「～のは」는 제3과 「Grammar」에서와 같이 첫 번째, 누군가의 질문에 대한 대답으로 모르는 것을 가르쳐 줄 때이고요, 두 번째, 질문과는 관계없이 듣는 사람에게 어떤 정보를 알게 해 주려고 할 때입니다.

그럼, 「～のが」는요?

「～のが」는 마찬가지로 제3과 「Grammar」의 예문에서 제시한 바와 같이 첫 번째는 「다른 것이 아닌 바로 이것」이라는 의미로 「好(す)きだ／嫌(きら)いだ／得意(とくい)だ／上手(じょうず)だ／下手(へた)だ」의 앞에서이고, 두 번째는 과거의 어떤 것이 현재 다르게 변화한 것을 나타낼 때에요.

아, 「～のは」와 「～のが」는 각각 두 가지의 경우에 사용할 수 있군요. 예문을 비교해가면서 이해하는 것이 좋을 것 같습니다.

제4과

映画を見たあとで行ってみます

영화를 본 후에 가 보겠습니다.

た형

~たことが+ある／ない

~たあとで

~たとき

▶ Learning Point

이번 과에서는 동사의 「た형」과 과거의 경험을 나타내는 표현 등, 「た형」의 여러 쓰임에 대해 공부합니다.

Dialogue 1

Track 10

［バスの中(なか)で］

山田(やまだ)	風邪(かぜ)、よくなりましたね。
イ	ええ、おかげさまで。すっかり治(なお)りました。これから、どちらへ？
山田	下宿(げしゅく)に帰(かえ)ります。イさんは？
イ	久(ひさ)しぶりに出(で)かけます。ずいぶん外出(がいしゅつ)しませんでしたから。友(とも)だちと会(あ)って、映画(えいが)に行(い)きます。
山田	駅前(えきまえ)の新(あたら)しいデパート、行(い)ったことがありますか。
イ	いえ、まだですけど。どんなデパートですか。
山田	ファッションとグルメで有名(ゆうめい)なところです。
イ	そうですか。映画(えいが)を見(み)たあとで行(い)ってみます。

낱말과 표현

おかげさまで 덕분에
すっかり 완전히
治(なお)る 낫다
これから 이제부터
どちら 어느 쪽
下宿(げしゅく) 하숙
出(で)かける 나가다
ずいぶん 꽤
外出(がいしゅつ) 외출
駅前(えきまえ) 역 앞
新(あたら)しい 새롭다
デパート 백화점
ファッション 패션
グルメ 음식 맛에 정통함
有名(ゆうめい)だ 유명하다
～たあとで ～한 후에

Conversation practice 1

♣ 다음 밑줄 친 부분을 바꾸어 회화를 연습해 보세요.

1

A：これから、どちらへ？
B：①下宿(げしゅく)に帰(かえ)ります。イさんは？
A：久(ひさ)しぶりに②出(で)かけます。

1. ① 食事(しょくじ)に行(い)く　② 散歩(さんぽ)する
2. ① 友(とも)だちに会(あ)う　② 運動(うんどう)する
3. ① 買(か)い物(もの)に行(い)く　② 家(いえ)に帰(かえ)って掃除(そうじ)する

2

A：どんな①デパートですか。
B：②ファッションと③グルメで有名(ゆうめい)なところです。

1. ① 街(まち)　② お祭(まつ)り　③ お寺(てら)
2. ① お店(みせ)　② スパゲッティ　③ ピザ
3. ① 市場(いちば)　② 魚(さかな)　③ 野菜(やさい)

어휘 食事(しょくじ) 식사 | 買(か)い物(もの) 쇼핑 | 掃除(そうじ) 청소 | 街(まち) 거리 | 祭(まつ)り 축제 | 寺(てら) 절 | スパゲッティ 스파게티 | ピザ 피자 | 市場(いちば) 시장 | 魚(さかな) 생선 | 野菜(やさい) 채소

Dialogue 2

Track 11

［コーヒー・ブレーク］

鈴木　日本料理を食べたことがありますか。

アン　ええ、このあいだの旅行で、旅館に泊まったときに。

鈴木　どんな料理が出ましたか。

アン　お寿司と天ぷら、それとトンカツです。
韓国でも食べることができますよ。

鈴木　そうですか。味はどうですか。

アン　だいたい同じですね。どちらもおいしいですよ。
鈴木さんは韓国へ旅行したことがありますか。

鈴木　いえ、ありません。ソウルやプサンへ
行ってみたいですね。

낱말과 표현

このあいだ 요전	出(で)る 나가다	味(あじ) 맛
旅館(りょかん) 일본 전통 여관	寿司(すし) 초밥	だいたい 대개
泊(と)まる 묵다	天(てん)ぷら 튀김	同(おな)じだ 같다
とき 때	トンカツ 돈가스	おいしい 맛있다

Conversation practice 2

♣ 다음 밑줄 친 부분을 바꾸어 회화를 연습해 보세요.

1

A：どんな料理(りょうり)が出(で)ましたか。

B：①お寿司(すし)と②天(てん)ぷら、それと③トンカツです。

1	① 焼肉(やきにく)	② れいめん	③ ビビンバ
2	① ステーキ	② サラダ	③ ハンバーガー
3	① うどん	② ラーメン	③ そば

2

A：①味(あじ)はどうですか。

B：だいたい同(おな)じですね。どちらも②おいしいですよ。

1	① 韓国(かんこく)と日本(にほん)の冬(ふゆ)	② 寒(さむ)い
2	① 日本語(にほんご)と英語(えいご)の試験(しけん)	② 難(むずか)しい
3	① ソウルと東京(とうきょう)の交通(こうつう)	② 便利(べんり)

어휘 焼肉(やきにく) 불고기 | れいめん 냉면 | ビビンバ 비빔밥 | ステーキ 스테이크 | サラダ 샐러드 | ハンバーガー 햄버거 | ラーメン 라면 | そば 메밀국수 | 冬(ふゆ) 겨울 | 寒(さむ)い 춥다 | 英語(えいご) 영어 | 試験(しけん) 시험 | 便利(べんり)だ 편리하다

Key-point

01 ～たことがある와 ～たことがない

동사 「た 형」에 「ことがある」가 접속하면, 과거의 어떤 사태가 한 장면으로 떠오르는 경험을 나타낸다. 이에 대한 부정 표현은 「～た＋ことがない」이다.

예 日本(にほん)のラーメンを食(た)べたことがあります。

일본 라면을 먹은 적이 있습니다.

中国(ちゅうごく)にはまだ行(い)ったことがありません。

중국에는 아직 간 적이 없습니다.

02 ～たあとで

동사 「た 형」에 「あとで」가 접속하면 앞의 일이 끝나고, 이어서 뒤의 동작을 행하는 것을 나타낸다.

예 ご飯(はん)を食(た)べたあとで、映画(えいが)を見(み)ましょう。

밥을 먹은 후에 영화를 봅시다.

洗濯(せんたく)をしたあとで、掃除(そうじ)をしました。

세탁을 한 후에 청소를 했습니다.

03 ～たとき

동사 「た형」에 「とき」가 접속하면 「～て＋から」의 의미가 되어 앞의 일이 일어난 후에 뒤의 일이 일어난다는 시간적 관계를 나타낸다.

예 日本へ行ったとき友だちと会いました。

일본에 갔을 때 친구와 만났습니다.

駅に着いたとき、電車が出たあとでした。

역에 도착했을 때 전철이 떠난 뒤였습니다.

04 사전형+とき와 ～ているとき

「사전형+とき」는 「～를 하기 전에」의 의미이며, 「～ている＋とき」는 「～와 동시에」의 뜻이다. 앞에서 설명한대로 「～た＋とき」는 「～하고 나서」의 의미이므로, 이 세 가지는 모두 앞뒤 사태의 시간적 전후 관계를 나타낸다.

예 海外旅行をするときパスポートが必要です。

해외여행을 할 때 여권이 필요합니다.

電話をしているとき、山田さんが来ました。

전화를 하고 있을 때, 야마다 씨가 왔습니다.

Grammar

1. 동사의 た형

1그룹 동사

어미가 く이면 いた로	예 かく (쓰다)	→	かいた (썼다)
어미가 ぐ이면 いだ로	예 およぐ (헤엄치다)	→	およいだ (헤엄쳤다)
어미가 う이면 った로	예 あう (만나다)	→	あった (만났다)
어미가 つ이면 った로	예 まつ (기다리다)	→	まった (기다렸다)
어미가 る이면 った로	예 ある (있다)	→	あった (있었다)
어미가 ぬ이면 んだ로	예 しぬ (죽다)	→	しんだ (죽었다)
어미가 ぶ이면 んだ로	예 よぶ (부르다)	→	よんだ (불렀다)
어미가 む이면 んだ로	예 のむ (마시다)	→	のんだ (마셨다)
어미가 す이면 した로	예 はなす (이야기하다)	→	はなした (이야기했다)

예외 「いく(가다)」는 어미가 「く」로 끝나지만 「た형」으로 바뀔 때 「いいた」가 아닌 「いった」로 바뀐다.

2그룹 동사

어미 る를 떼고 た를 붙인다.

예 おきる (일어나다) → おきた (일어났다)
たべる (먹다) → たべた (먹었다)

3그룹 동사

오로지 2개밖에 없으므로 무조건 암기한다.

예 する (하다) → した (했다)
くる (오다) → きた (왔다)

☞ い형용사와 な형용사와 명사의 「た형」은 215p 「부록」 참조

2. 동사의 た형 바꾸기

♣ 다음 표를 완성해 보세요.

기본형	동사 분류	た형
会(あ)う (만나다)		
行(い)く (가다)		
する (하다)		
いる (있다)		
泳(およ)ぐ (헤엄치다)		
話(はな)す (이야기하다)		
起(お)きる (일어나다)		
ある (있다)		
待(ま)つ (기다리다)		
死(し)ぬ (죽다)		
来(く)る (오다)		
帰(かえ)る (돌아가다)		
飲(の)む (마시다)		
食(た)べる (먹다)		

Review

1 다음을 보기와 같이 문장을 바꾸세요.

보기 新(あたら)しいデパートに行(い)く。
→ 新(あたら)しいデパートに行(い)ったことがありますか。

1 富士山(ふじさん)に登(のぼ)る。 → ____________________

2 フランス料理(りょうり)を食(た)べる。 → ____________________

3 韓国(かんこく)の両親(りょうしん)が日本(にほん)に来(く)る。 → ____________________

2 다음을 보기와 같이 문장을 바꾸세요.

보기 映画(えいが)を見(み)る / 行(い)ってみる
→ 映画(えいが)を見(み)たあとで、行(い)ってみます。

1 食事(しょくじ)をする / 歯(は)をみがく
→ ____________________

2 お風呂(ふろ)に入(はい)る / 休(やす)む
→ ____________________

3 電話番号(でんわばんごう)を調(しら)べる / お知(し)らせする
→ ____________________

어휘 富士山(ふじさん) 후지산 | 来(く)る 오다 | 歯(は) 이 | みがく 닦다 | 電話番号(でんわばんごう) 전화번호 | 調(しら)べる 조사하다 | お知(し)らせする 알려드리다

3 다음을 보기와 같이 문장을 바꾸세요.

보기 旅館(りょかん)に泊(と)まる / 日本料理(にほんりょうり)を食(た)べる

→ 旅館(りょかん)に泊(と)まったとき、日本料理(にほんりょうり)を食(た)べました。

1 北海道(ほっかいどう)へ行(い)く / この写真(しゃしん)をとる

→ ______________________________

2 彼(かれ)に会(あ)う / プレゼントをあげる

→ ______________________________

3 バスに乗(の)る / 財布(さいふ)を落(お)とす

→ ______________________________

4 다음 문장을 일본어로 작문하세요.

1 역 앞의 새로운 백화점, 간 적이 있어요?

→ ______________________________

2 영화를 본 후에 가 보겠습니다.

→ ______________________________

3 한국에서도 먹을 수가 있어요.

→ ______________________________

어휘 北海道(ほっかいどう) 홋카이도 | プレゼント 선물 | あげる 주다 | 財布(さいふ) 지갑 | 落(お)とす 잃어버리다

Listening

Track 12

1 다음 대화를 듣고 그것을 경험한 적이 있으면 ○, 경험한 적이 없으면 ×를 하세요.

1 

( )

2 

( )

3 

( )

2 다음 대화를 듣고 a와 b 중에서 먼저 하는 일을 고르세요.

1 a.  b. 

( )

2 a.  b. 

( )

어휘 納豆(なっとう) 낫토 | ぜひ 꼭 | 新幹線(しんかんせん) 신칸센 | 速(はや)い 빠르다 | 準備運動(じゅんびうんどう) 준비운동

Kanji

♣ 한자를 익히면서 써 보세요.

げ しゅく 下宿 아래 하 + 묵을 숙 하숙	下宿	下宿	下宿
がい しゅつ 外出 바깥 외 + 나갈 출 외출	外出	外出	外出
えい が 映画 비칠 영 + 그림 화 영화	映画	映画	映画
りょ かん 旅館 나그네 려 + 집 관 여관	旅館	旅館	旅館
あじ 味 맛 미 맛	味	味	味

Q&A

「～て」와 「～てから」와 「～たあとで」의 차이

「～て(하고)」는 「～てから(～하고 나서)」와 어떻게 달라요?

「～て」는 「보통의 시간적 순서」를 나타내는데요, 그것에 비해 「～てから」는 「보통 때와는 다른 특별한 시간적 흐름」을 나타낸다고 할 수 있어요.

그럼, 「～てから(～하고 나서)」와 「～たあとで(～한 후에)」와의 차이는요?

「～てから」가 「습관적으로 정해져 있는 순서를 강조」하는 느낌이라면 「～たあとで」는 「보통과는 다른 특별한 거꾸로의 순서」를 나타낸다고 볼 수 있습니다.

아, 그렇게 보면 「～てから」도 「～たあとで」도 「～て」와 비교하면 「특별히」 그렇게 한다는 부분이 공통되네요.

제5과

日本語を教えることになっています

일본어를 가르치게 되어 있습니다.

비공손체

명사 수식＋の／所／場合／方／こと／もの

〜のがいい

〜ことになっている

▶ Learning Point

이번 과에서는 한국어의 「반말체」라고 할 수 있는 「비공손체」와 명사 수식에 대해 학습합니다. 그리고 상대에게 조언할 때의 표현인 「〜하는 것이 좋다」에 해당하는 표현에 대해 공부합니다.

Dialogue 1

Track 13

［パーティーで］

イ	あそこにいる人、誰ですか。 髪が長くて、眼鏡をかけている女の人です。
山田	今度、新しく来た先生ですよ。 留学生に日本語を教えることになっています。
イ	そうですか。じゃ、その先生と話をしている人は誰ですか。
山田	さあ、知らない人ですね。見たこともない人です。
イ	ここに山田さんの知らない人もいるのですか。
山田	もちろん、たくさんいますよ。 これまで知らなかった人と友だちになるのが、パーティーのいいところでしょう？

낱말과 표현

- 髪(かみ) 머리
- 長(なが)い 길다
- 眼鏡(めがね) 안경
- かける 걸치다
- 女(おんな)の人(ひと) 여자
- 留学生(りゅうがくせい) 유학생
- 教(おし)える 가르치다
- 話(はなし) 이야기
- 知(し)る 알다
- もちろん 물론
- たくさん 많이
- これまで 지금까지
- パーティー 파티

Conversation practice 1

♣ 다음 밑줄 친 부분을 바꾸어 회화를 연습해 보세요.

1

A：あそこにいる①人、誰ですか。
B：今度、新しく来た先生です。
　　留学生に②日本語を教えることになっています。

1. ① 男の人　　② 英語
2. ① 女の人　　② 日本文化
3. ① 人　　② 地理

2

A：①その先生と話している人は誰ですか。
B：②さあ、知らない人ですね。

1. ① 新聞を読んでいる　　② あの人は先輩
2. ① 電話をしている　　② キムさんの友だち
3. ① お茶を飲んでいる　　② 田中さん

어휘 男(おとこ)の人(ひと) 남자 | 日本文化(にほんぶんか) 일본문화 | 地理(ちり) 지리 | 新聞(しんぶん) 신문 | 先輩(せんぱい) 선배 | お茶(ちゃ) 차

Dialogue 2

Track 14

［郵便局で］

アン　すみません、これ、航空便で、韓国へ送りたいのですが、何日くらいかかりますか。

職員　そうですね、5日くらいですね。ちょっと待ってください。これ、軽いのですね。あまり重くない場合は、ＥＭＳにするほうが安くて、早いですよ。3日で着きますね。

アン　そうですか。じゃ、それにしてください。

職員　わかりました。ここに、必要なことを書いてください。ほかに送るものはありませんか。

アン　あっ、この手紙もお願いします。

낱말과 표현

航空便(こうくうびん) 항공편
何日(なんにち) 며칠
~くらい ~정도
かかる 걸리다
5日(いつか) 5일
待(ま)つ 기다리다
軽(かる)い 가볍다
あまり 그다지
EMS 국제특급우편
ほう 쪽
安(やす)い 싸다
3日(みっか) 3일
着(つ)く 도착하다
必要(ひつよう)だ 필요하다
書(か)く 쓰다
ほか 그 밖
手紙(てがみ) 편지

Conversation practice 2

♣ 다음 밑줄 친 부분을 바꾸어 회화를 연습해 보세요.

❶

A：すみません、これ、航空便(こうくうびん)で、①韓国(かんこく)へ送(おく)りたいのですが、何日(なんにち)くらいかかりますか。

B：そうですね。②5日(いつか)くらいですね。

1 ① 中国(ちゅうごく) ② 6日(むいか)

2 ① イギリス ② 7日(なのか)

3 ① アメリカ ② 8日(ようか)

❷

A：ここに、①必要(ひつよう)なことを書(か)いてください。ほかに送(おく)るものはありませんか。

B：あっ、この②手紙(てがみ)もお願(ねが)いします。

1 ① 住所(じゅうしょ) ② 書類(しょるい)

2 ① 名前(なまえ) ② 小包(こづつみ)

3 ① 連絡先(れんらくさき) ② 葉書(はがき)

어휘 6日(むいか) 6일 | イギリス 영국 | 7日(なのか) 7일 アメリカ 미국 | 8日(ようか) 8일 | 住所(じゅうしょ) 주소 | 書類(しょるい) 서류 | 名前(なまえ) 이름 | 連絡先(れんらくさき) 연락처 | 葉書(はがき) 엽서

Key-point

01 명사 수식

일본어에서의 명사 수식은 「비공손체+명사」의 형태인데, 「비공손체」에 해당하는 것은 「사전형 / た 형 / ない 형 / 『ない』의 た 형」이다. 본 과에서는 「비공손체 + の / 所(ところ) / 場合(ばあい) / 方(ほう) / こと / もの」의 「명사 수식」에 대해 다루고 있다. ☞「비공손체」에 대한 설명은 72p「Grammar」참조

예 留学生(りゅうがくせい)に日本語(にほんご)を教(おし)えることになっています。

유학생에게 일본어를 가르치게 되어 있습니다.

あまり重(おも)くない場合(ばあい)は、ＥＭＳにするほうが安(やす)くて、早(はや)いですよ。

별로 무겁지 않은 경우는 EMS로 하는 편이 저렴하고 빠릅니다.

02 사전형 / ない형+のがいい

「사전형 + のがいい」와 「ない 형 + のがいい」는 어떤 의견을 나타내거나 물을 때 사용한다.

예 どんなコンピューターを買(か)うのがいいですか。

어떤 컴퓨터를 사는 것이 좋습니까?

約束時間(やくそくじかん)には、遅(おく)れないのがいいですね。

약속시간에는 늦지 않는 것이 좋지요.

03 ～ことになっている

동사의 사전형에 「ことになっている」를 접속하면, 변경이나 취소가 불가능한 예정이나 규칙, 법률, 생활 습관, 관습 등을 나타낸다.

예 部屋の中では、タバコを吸わないことになっています。

방 안에서는 담배를 피우지 않게 되어 있습니다.

明日、田中さんは出張に行くことになっています。

내일, 다나카 씨는 출장가게 되어 있습니다.

04 知らない

「知る」는 보거나 듣거나 만지거나 하는 등의 체험한 것을 머리 속에 입력하는 것을 나타낸다. 이때 머리 속에 저장된 것은 재생 가능한 것과 재생 불가능한 것으로 나뉘는데, 재생 가능한 상태를 「知っている」라고 하고, 머리 속에 입력되기 이전의 택지 상태를 「知らない」라고 한다.

예 あの人は知らない人です。

저 사람은 모르는 사람입니다.

A：キムさんの電話番号は知っていますか。

김○○ 씨의 전화번호는 알아요?

B：いえ、知りません。

아뇨, 몰라요.

Grammar

1.「비공손체」

「비공손체」란 일반적으로는「보통체」라고 불리는데,「～です / ～ます」를 사용하지 않은 문체를 말한다. 말하는 사람의 품위를 유지하거나 듣는 사람에게 경의를 표하거나 하는 것이 아니기 때문에 외국인이 보통 사용하는 문체는 아니다.

예

	1그룹 동사	2그룹 동사	3그룹 동사
비공손체	行く(가다)	食べる(먹다)	する(하다)
공손체	行きます(갑니다)	食べます(먹습니다)	します(합니다)

＊ い형용사와 な형용사와 명사의「비공손체」와「공손체」는 215p「부록」참조

2.「비공손체」의 사용방법

한국어의 반말체에 해당하는 일본어의「비공손체」는 사회생활에서 보통의 문체로 사용되는 일은 거의 없고,「～です / ～ます」를 사용한 문장 안에서의「명사 수식」이나「인용문」혹은「～と思う」나「～と言う」,「～ようだ」등과 같은 다른 말에 접속하여 사용된다.

예 今度の夏休みには海へ行きたいと思います。

이번 여름방학에는 바다로 가고 싶습니다.

田中さんは、会議に出ないと言いました。

다나카 씨는 회의에 나오지 않겠다고 했습니다.

＊ 이 책에서 사용하고 있는「비공손체」는 제13과에 등장하는「부장」의 대사뿐이다.

3. 「비공손체」와 「공손체」의 사용 구분

일본어의 문체에서 「～です / ～ます」가 붙지 않는 「비공손체」는 주로 일기나 독백, 일반 독자를 향한 독서물, 회화에서는 부모 자식을 비롯하여 매우 친한 관계, 혹은 적대 관계에 있는 남을 향해서이다.

이에 반해서 「～です / ～ます」가 붙는 「공손체」는 편지글이나 특정 독자를 향한 독서물, 상하 관계에 있는 사람, 지위 고하를 막론하고 서로 친하지 않은 관계이거나 우호 관계에 있는 남을 향하여 사용한다.

예 今日は朝からいい天気だった。(일기문)
오늘은 아침부터 날씨가 좋았다.

A：今日は、いいお天気ですね。お出かけですか。
오늘은 날씨가 좋네요. 어디 나가세요?

B：ええ、ちょっとそこまで。
네, 좀 요 앞에요.

Review

1 다음을 보기와 같이 문장을 바꾸세요.

> 보기 A：パーティーはどんな点がいいですか。
> （知らない人と友だちになる）
> B：知らない人と友だちになるのがいいですね。

1. A：韓国旅行はどんな点がいいですか。（おいしいものがたくさんある）

   B：＿＿＿＿＿＿＿＿＿＿＿＿＿＿＿＿＿＿＿＿

2. A：夏はどんな点がいいですか。（日が長い）

   B：＿＿＿＿＿＿＿＿＿＿＿＿＿＿＿＿＿＿＿＿

3. A：東京はどんな点がいいですか。（交通が便利だ）

   B：＿＿＿＿＿＿＿＿＿＿＿＿＿＿＿＿＿＿＿＿

2 다음을 보기와 같이 문장을 바꾸세요.

> 보기 留学生に日本語を教える。
> → 留学生に日本語を教えることになっています。

1. 会社では毎日８時間働く。

   → ＿＿＿＿＿＿＿＿＿＿＿＿＿＿＿＿＿＿＿＿

2. 土曜日、授業は休む。

   → ＿＿＿＿＿＿＿＿＿＿＿＿＿＿＿＿＿＿＿＿

3. 大学に入る時は、入学試験を受ける。

   → ＿＿＿＿＿＿＿＿＿＿＿＿＿＿＿＿＿＿＿＿

3 다음 밑줄에 알맞은 조사를 넣으세요.

1 이거 항공편으로 한국에 보내고 싶은데요. (수단)

これ、航空便(こうくうびん)______韓国(かんこく)へ送(おく)りたいのですが。

2 EMS로 하는 편이 저렴하고 빨라요. 3일만에 도착하죠. (범위나 한계)

EMSにするほうが安(やす)くて、早(はや)いですよ。3日(みっか)______着(つ)きますね。

3 그럼, 그것으로 해 주세요. (선택)

じゃ、それ______してください。

4 다음 문장을 일본어로 작문하세요.

1 유학생에게 일본어를 가르치게 되어 있습니다.

→ ______________________________

2 모르는 사람이네요. 본 적도 없는 사람입니다.

→ ______________________________

3 여기에 필요한 것을 써 주세요.

→ ______________________________

어휘 夏(なつ) 여름 | 日(ひ) 해 | 毎日(まいにち) 매일 | 授業(じゅぎょう) 수업 | 大学(だいがく) 대학 | 入学試験(にゅうがくしけん)を受(う)ける 입학 시험을 치르다

Listening

Track 15

1 다음 대화를 듣고 어느 쪽으로 결정하면 좋은지 a와 b 중에서 고르세요.

1

a.

b.

(　　　)

2

a.

b.

(　　　)

2 다음 내용을 듣고 해당하는 그림을 고르세요.

a.

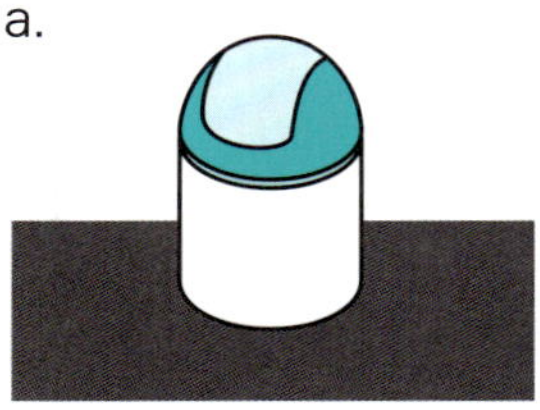

b.

c.

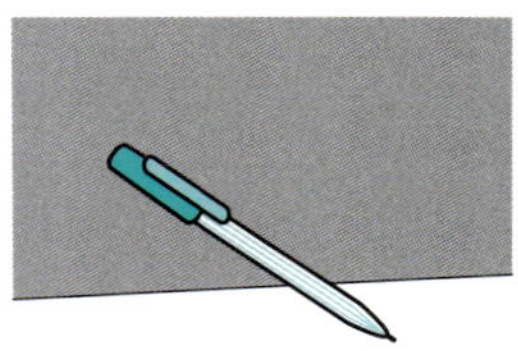

1 (　　　)　2 (　　　)　3 (　　　)

어휘 空港(くうこう) 공항 | 電車(でんしゃ) 전철 | リムジン 리무진 | パソコン 퍼스널 컴퓨터 | いくら 얼마 | 入(い)れる 넣다

Kanji

♣ 한자를 익히면서 써 보세요.

め がね 眼鏡 눈 **안** + 거울 **경** 안경	眼鏡	眼鏡	眼鏡
りゅう がく せい 留学生 머무를 **류** + 배울 **학** + 사람 **생** 유학생	留学生	留学生	留学生
こう くう びん 航空便 날 **항** + 하늘 **공** + 편할 **편** 항공편	航空便	航空便	航空便
ば あい 場合 시기 **장** + 적합할 **합** 경우	場合	場合	場合
ひつ よう 必要 반드시 **필** + 요긴할 **요** 필요	必要	必要	必要

Q&A

「ことになっている」와 「ことになる」의 차이

「**ことになっている**」는 「변경 불가능한 예정이나 규칙, 법률, 생활 습관, 관습」 등을 나타낸다고 했는데요, 그럼, 「**ことになる**」와는 어떻게 달라요?

「**ことになる**」는 「**ことになっている**」와는 다르게 「위에서부터의 결정」이나 「필연적인 귀결」을 나타냅니다.

그럼, 「**ことになる**」는 말하는 사람이나 듣는 사람의 생각이나 의지와는 관계없이 위에서 결정된 일을 말하는 것인가요?

네, 그렇죠. 구체적으로 말하자면 「자연 법칙, 필연적인 흐름, 경험이나 상식 등에서부터 도출된 결론이거나 위에서부터의 명령, 회의 등에서의 결정」 등을 말하는 거에요.

네, 비슷한 것 같은데 조금 다르네요. 잘 알겠습니다.

제6과

ビール、もう1本、頼もうと思いますが

맥주 한 병 더 시키려고 생각하는데요.

의지형

의지형＋と思う／と思っている

명사＋では(じゃ)ないか＋と思う／と思っている

비공손체＋そうだ(전문)

▶ Learning Point

이번 과에서는 동사의 의지형을 만드는 방법과 그 쓰임에 대해 알아보고 자신의 생각이나 희망, 의지 등의 감정을 드러낼 때 쓰는 「~と思(おも)う」와 「~と思(おも)っている」에 대해 공부합니다. 더 나아가 남에게 들은 이야기를 전하는 전문의 「そうだ」에 대해서도 학습합니다.

Dialogue 1

Track 16

［コーヒーショップで］

山田 イさんは日本に来て、まもなく1年ですね。この1年、日本で生活してみて、いかがですか。

イ そうですね。緑も多いし、街のシステムや交通が便利で、生活しやすいと思います。ただ、買い物も便利なのですが、野菜や果物など、食べるものが高いと思います。

山田 そうですね。生活に必要なものが高いですね。

イ ええ、部屋代なども。今住んでいる所がうるさくて、勉強できませんから、静かで部屋代の安い所に移りたいと思っているのですが、とても高いですね。

낱말과 표현

まもなく 머지 않아	～やすい ~하기 쉽다	静(しず)かだ 조용하다
生活(せいかつ) 생활	思(おも)う 생각하다	住(す)む 살다
いかが 어떻게	ただ 다만	うるさい 시끄럽다
緑(みどり) 초록	果物(くだもの) 과일	移(うつ)る 옮기다
システム 시스템	代(だい) 값	とても 매우

Conversation practice 1

♣ 다음 밑줄 친 부분을 바꾸어 회화를 연습해 보세요.

1

A：この１年、①日本で生活してみて、いかがですか。
B：そうですね。②交通が便利で、③生活しやすいと思います。

1. ① プサン　② にぎやかだ　③ お魚がおいしい所だ
2. ① 田舎　② 静かだ　③ 空気がいい
3. ① チェジュド　② 海がきれいだ　③ 暖かい

2

A：ただ、①野菜や果物など、②食べるものが高いと思います。
B：そうですね。③生活に必要なものが高いですね。

1. ① タクシーや電車　② 乗りもの　③ 交通費
2. ① シャツやズボン　② 着るもの　③ お店で買う服
3. ① コーヒーやハンバーガー　② お店のもの　③ 外で食べるもの

어휘 にぎやかだ 번화하다 | 空気(くうき) 공기 | チェジュド 제주도 | 海(うみ) 바다 | 暖(あたた)かい 따뜻하다 | タクシー 택시 | 乗(の)りもの 탈 것 | 交通費(こうつうひ) 교통비 | ズボン 바지 | 着(き)るもの 입을 것 | 服(ふく) 옷 | コーヒー 커피 | 外(そと) 밖

Dialogue 2

Track 17

［レストランで］

鈴木　ビール、もう１本、頼もうと思いますが、いかがですか。

アン　ええ、そうしましょう。ところで、今度、誰が課長になると思いますか。

鈴木　さあ、よくわかりませんが、みんなは中村さんじゃないかと考えています。どう思いますか。

アン　そうですね。ただ、国際課の課長ですから、日本人じゃないかもしれません。ワンさんじゃないかと思うのですが。

鈴木　聞いたところでは、部長もワンさんを考えているそうです。
ワンさんになってほしいですね。
いい人ですから。

낱말과 표현

ビール 맥주
もう 더
1本(いっぽん) 1병
頼(たの)む 주문하다
ところで 그런데
課長(かちょう) 과장
みんな 모두
考(かんが)える 생각하다
国際課(こくさいか) 국제과
ところ (~하는) 바
~そうだ ~라고 한다
~てほしい ~했으면 한다

Conversation practice 2

♣ 다음 밑줄 친 부분을 바꾸어 회화를 연습해 보세요.

1

A：①ビール、もう１本(いっぽん)、②頼(たの)もうと思(おも)いますが、
いかがですか。
B：ええ、そうしましょう。

1 ① コーヒーをもう１杯(いっぱい)　② おかわりする
2 ① 仕事(しごと)が終(お)わったら　② みんなで飲(の)みに行(い)く
3 ① これからカラオケで　② 歌(うた)う

2

A：今度(こんど)、誰(だれ)が①課長(かちょう)になると思(おも)いますか。
B：さあ、よくわかりませんが、みんなは②中村(なかむら)さんじゃないかと考(かんが)えています。

1 ① 部長(ぶちょう)　② 水野(みずの)
2 ① ソウル市長(しちょう)　② ジョン
3 ① 大統領(だいとうりょう)　② ハン

어휘 1杯(いっぱい) 한 잔 | おかわり 같은 음식을 더 먹음 | 終(お)わる 끝나다 | カラオケ 노래방 | 歌(うた)う 노래하다 | 市長(しちょう) 시장 | 大統領(だいとうりょう) 대통령

Key-point

01 「비공손체」+ と思う / と思っている

「비공손체＋と思(おも)う」와「비공손체＋と思(おも)っている」는 특히 공손한 문장에서 쓰일 경우, 어떠한「화제(=비공손체)」에 대한 생각이나 의견 등을 말할 때에 사용된다.

☞「思(おも)う」와「思(おも)っている」의 차이는 92p「Q&A」참조.

예 日本(にほん)は生活(せいかつ)に必要(ひつよう)なものが高(たか)いと思(おも)います。
일본은 생활에 필요한 것이 비싸다고 생각합니다.

ソウルはどうして生活(せいかつ)しやすいと思(おも)いますか。
서울은 왜 생활하기 편하다고 생각합니까?

イさんは「日本(にほん)の部屋代(へやだい)がとても高(たか)い」と思(おも)っています。
이○○ 씨는「일본의 방세가 매우 비싸다」고 생각하고 있습니다.

02 동사의 ます형 + たい + と思う / と思っている

「동사의 ます형＋たい＋と思(おも)う」와「동사의 ます형＋たい＋と思(おも)っている」는 특히 공손한 문장에서 쓰일 경우, 성인이「희망이나 바람」을 나타내고 싶을 때 사용된다.

예 来年(らいねん)、アメリカへ留学(りゅうがく)したいと思(おも)います。
내년에 미국으로 유학하고 싶습니다.

韓国(かんこく)のどこへ旅行(りょこう)に行(い)きたいと思(おも)っていますか。
한국의 어느 곳으로 여행하러 가고 싶다고 생각하고 있습니까?

イさんは「部屋代(へやだい)の安(やす)いところに引(ひ)っ越(こ)したい」と思(おも)っています。
이○○ 씨는「방세가 싼 곳으로 이사하고 싶다」고 생각하고 있습니다.

03 명사＋では(じゃ)ないか＋と思う / と思っている

「명사＋では(じゃ)ないか＋と思う」와 「명사＋では(じゃ)ないか＋と思っている」는 특히 공손한 문장에서 성인이 「명사＋だ」로 표현하는 생각이나 의견 등의 단정을 피하여 주저하는 듯한 겸허한 태도로 말할 때에 사용된다. 따라서 듣는 사람을 향한 의문문에서는 사용할 수 없다. 제3자의 경우에는 제3자가 말한 것을 그대로 인용하고 하는 것이 되기 때문에 사용이 가능하다.

예 明日は雨ではないかと思います。

내일은 비가 아닐까 하고 생각합니다.

あの眼鏡をかけた人はイさんだと思いますか。

저 안경을 쓴 사람은 이○○ 씨라고 생각합니까?

あの眼鏡をかけた人はイさんではないかと思いますか。 **(부자연스러운 문장)**

저 안경을 쓴 사람은 이○○ 씨가 아닐까 하고 생각합니까?

山田さんは「試験は来週からではないか」と思っています。

야마다 씨는 「시험은 다음 주부터가 아닐까」하고 생각하고 있습니다.

04 「비공손체」＋そうだ

「비공손체＋そうだ」는 회화체나 문장체에 관계없이 다른 사람의 말을 전해 들은 「전문」을 나타낸다.

예 彼の話では、韓国の冬はとても寒いそうです。

그의 이야기로는 한국의 겨울은 매우 춥다고 합니다.

聞いたところでは、山田さんが社長だそうです。

들은 바로는 야마다 씨가 사장이라고 합니다.

Grammar

1. 동사의 의지형

1그룹 동사	2그룹 동사	3그룹 동사	
어미를 お단으로 바꾸고 + う	어미 る를 떼고 + よう	무조건 암기	
예 いく(가다) ↓ いこ+う (가자/가야지)	예 おき~~る~~(일어나다) ↓ おき+よう (일어나자/일어나야지)	くる(오다) ↓ こよう (오자/와야지)	する(하다) ↓ しよう (하자/해야지)

주의 「ある(있다)」 등과 같은 상태 동사는 의지형을 만들 수 없다.

2. 동사 의지형의 쓰임

「동사 의지형＋と思(おも)う」와 「동사 의지형＋と思(おも)っている」는 특히 공손한 문장에서 「예정이나 계획」을 나타내고 싶을 때 사용된다.

☞ 「思(おも)う」와 「思(おも)っている」의 차이는 92p 「Q&A」 참조.

예 来年(らいねん)はヨーロッパのあちこちを旅行(りょこう)しようと思(おも)います。
내년에는 유럽의 여기저기를 여행하려고 생각합니다.

韓国(かんこく)のお土産(みやげ)に何(なに)を買(か)おうと思(おも)っていますか。
한국의 선물로 무엇을 사려고 생각하고 있습니까?

山田(やまだ)さんは「イさんたちと一緒(いっしょ)にカラオケに行(い)こう」と思(おも)っています。
야마다 씨는 「이○○ 씨 일행과 함께 노래방에 가야지」하고 생각하고 있습니다.

アンさんは「鈴木(すずき)さんと食事(しょくじ)をしよう」と思(おも)っていますか。
안○○ 씨는 「스즈키 씨와 식사를 해야지」하고 생각하고 있습니까?

3. 동사의 의지형 바꾸기

♣ 다음 표를 완성해 보세요.

기본형	동사 분류	의지형
会(あ)う (만나다)		
行(い)く (가다)		
する (하다)		
いる (있다)		
泳(およ)ぐ (헤엄치다)		
話(はな)す (이야기하다)		
起(お)きる (일어나다)		
乗(の)る (타다)		
待(ま)つ (기다리다)		
死(し)ぬ (죽다)		
来(く)る (오다)		
帰(かえ)る (돌아가다)		
飲(の)む (마시다)		
食(た)べる (먹다)		

Review

1 다음을 보기와 같이 문장을 바꾸세요.

보기 ビールをもう１本頼(いっぽんたの)む。

→ ビールをもう１本頼(いっぽんたの)もうと思(おも)います。

1. 明日(あした)から日記(にっき)を書(か)く。 → ______
2. 今日(きょう)は早(はや)く寝(ね)る。 → ______
3. 来年(らいねん)は家族(かぞく)と一緒(いっしょ)に日本(にほん)へ行(い)く。 → ______

2 다음을 보기와 같이 문장을 바꾸세요.

보기 部屋代(へやだい)の安(やす)いところに移(うつ)る。

→ 部屋代(へやだい)の安(やす)いところに移(うつ)りたいと思(おも)っています。

1. 新(あたら)しいパソコンを買(か)う。

   → ______

2. タバコをやめる。

   → ______

3. 毎朝(まいあさ)、運動(うんどう)する。

   → ______

어휘 明日(あした) 내일 | 日記(にっき) 일기 | 来年(らいねん) 내년 | タバコ 담배 | やめる 그만두다 | 毎朝(まいあさ) 매일 아침

3 다음을 보기와 같이 문장을 바꾸세요.

보기 課長はワンさんを考えている。
→ 聞いたところでは、部長はワンさんを考えているそうです。

1 明日は雨だ。
→ 天気予報によると、＿＿＿＿＿＿＿＿＿＿＿＿

2 キムさんはアメリカへ行く。
→ 田中さんの話では、＿＿＿＿＿＿＿＿＿＿＿＿

3 日本の部屋代は高い。
→ 聞いたところでは、＿＿＿＿＿＿＿＿＿＿＿＿

4 다음 문장을 일본어로 작문하세요.

1 이○○ 씨는 일본에 와서 머지않아 1년이네요.
→ ＿＿＿＿＿＿＿＿＿＿＿＿

2 모두는 나카무라 씨가 아닐까 하고 생각하고 있습니다. (～と考える)
→ ＿＿＿＿＿＿＿＿＿＿＿＿

3 부장님도 왕○○ 씨를 생각하고 있다고 합니다. (考える)
→ ＿＿＿＿＿＿＿＿＿＿＿＿

어휘 天気予報(てんきよほう) 일기예보 | ～によると ～에 의하면

Listening

Track 18

1 다음 대화를 듣고 긍정적으로 생각하고 있으면 ○, 부정적으로 생각하고 있으면 ×를 하세요.

1

2

3

( ) ( ) ( )

2 다음 대화를 듣고 내용에 일치하도록 알맞은 말을 동사의 의지형으로 써 넣으세요.

1 キムさんは、早(はや)く家(いえ)に________________と思(おも)っています。

2 ワンさんは、図書館(としょかん)で本(ほん)を________________と思(おも)っています。

어휘 近(ちか)く 근처 | スーパー 슈퍼 | 新鮮(しんせん)だ 신선하다 | 図書館(としょかん) 도서관

Kanji

♣ 한자를 익히면서 써 보세요.

せいかつ 生活 날 생 + 살 활 생활	生活	生活	生活
やさい 野菜 들 야 + 나물 채 채소	野菜	野菜	野菜
くだもの 果物 열매 과 + 물건 물 과일	果物	果物	果物
へや 部屋 떼 부 + 집 옥 방	部屋	部屋	部屋
こくさいか 国際課 나라 국 + 즈음 제 + 부서 과 국제과	国際課	国際課	国際課

Q&A

「思います」와 「思っています」의 차이

「思います」와 「思っています」는 어떻게 달라요?
「생각해요」와 「생각하고 있어요」라는 해석의 차이뿐 아닌가요?

단순히 해석의 차이만은 아니에요. 「思います」는 1인칭과 2인칭에만 사용할 수 있고, 3인칭에는 쓸 수 없어요. 말하자면 1인칭과 2인칭의 생각이나 희망, 의지 등의 감정을 드러내는 문장이라고 할 수 있죠.

그럼, 「思っています」는 모든 인칭에 사용할 수 있는 건가요?

네, 그래요. 1인칭과 2인칭에서 사용하면 과거에서부터 현재까지 계속 하고 있는 생각이나 희망, 의지 등의 감정을 드러내는 문장이 되고요, 3인칭에서 사용하면 제3자의 생각 · 희망 · 의지 등을 듣는 사람에게 전달하는 문장이 됩니다.

아, 두 표현은 기능의 차이뿐 아니라 인칭과도 관련이 있는 것이군요.
잘 알겠습니다.

제7과

この道を行かなければいけませんよ

이 길을 가야 해요.

ば형

～ば／～なければ＋いい

～なければ＋いけない／ならない

～ては／～なくては＋いけない

～て／～なくて＋(も)いい

～て／なくて＋감정을 나타내는 말

▶ Learning Point

이번 과에서는 동사의 「ば형」의 연습과 「～ては」를 어떻게 구분하여 사용하는가에 대해서 학습하고, 원인을 나타내는 「て형」에 대해 알아봅니다.

Dialogue 1

Track 19

［教室で］

イ　あの、この日本語、こんなふうにしても、いいでしょうか。

先生　どこですか。「お会いできなくて残念です」か？これではダメですね。この「～て」は「原因」を表しています。韓国語では、どうなりますか。そうしたほうがいいでしょうね。

イ　はい、わかりました。これでいいですね？じゃ、ここはどうすればいいでしょうか。

先生　「駅へはこの道を行かなければいけませんよ」と「行かなくてはいけませんよ」ですね？同じ意味ですが、使い方が違います。

イ　そうですか。どんな違いがありますか。

낱말과 표현

～ふう　～식
残念(ざんねん)だ　유감이다
原因(げんいん)　원인
表(あらわ)す　나타내다
～ほうがいい　～편이 낫다
道(みち)　길
意味(いみ)　의미
使(つか)い方(かた)　사용 방법
違(ちが)う　다르다

Conversation practice 1

♣ 다음 밑줄 친 부분을 바꾸어 회화를 연습해 보세요.

1

A：あの、①この日本語(にほんご)、こんなふうにしても、いいでしょうか。

B：どこですか。②「お会(あ)いできなくて残念(ざんねん)です」か？ これではダメですね。

1 ① この作文(さくぶん)の問題(もんだい) ② 早(はや)く来(く)ればいけません

2 ① ここの文(ぶん) ② 買(か)い物(もの)に行(い)かなくてもダメです

3 ① 日本語(にほんご)の書(か)き方(かた)ですが ② 財布(さいふ)をなくして交番(こうばん)へ行(い)きました

＊위의 ②의 올바른 문장들은 219p「부록」참조

2

A：ここはどうすればいいでしょうか。

B：①「行(い)かなければいけませんよ」と②「行(い)かなくてはいけませんよ」ですね？ 同(おな)じ意味(いみ)ですが、使(つか)い方(かた)が違(ちが)います。

1 ① どうぞよろしく ② どうかよろしく

2 ① 忙(いそが)しいですか ② 忙(いそが)しいんですか

3 ① 思(おも)いますか ② 考(かんが)えますか

어휘 作文(さくぶん) 작문 | 問題(もんだい) 문제 | 文(ぶん) 문장 | 書(か)き方(かた) 쓰는 방법 | なくす 잃다 | 交番(こうばん) 파출소 | よろしく 잘 | どうか 모쪼록

Dialogue 2

Track 20

［会社の中で］

鈴木　あ、急がなくてはいけません。もうすぐ会議が始まります。また遅れてしまいますよ。ちょっと走ったほうがいいですね。

アン　そんなに走ってはダメですよ。危ないでしょう？ ３階で走ればいいんですよ。そうすれば、間に合いますから。

鈴木　でも、遅れては大変です。会議の資料、用意しましたか。今日、お話しなければならないんでしょう？

アン　ええ。話したあとで、難しい質問が出なければいいんですが。

鈴木　部長がまた、あれこれ言うでしょうね。

アン　ええ、このまえも、たくさん質問が出て困りましたからね。

낱말과 표현

- 急(いそ)ぐ 서두르다
- 会議(かいぎ) 회의
- 始(はじ)まる 시작되다
- 遅(おく)れる 늦다
- 走(はし)る 달리다
- 危(あぶ)ない 위험하다
- 間(ま)に合(あ)う 시간에 대다
- 大変(たいへん)だ 큰일이다
- 歩(ある)く 걷다
- 資料(しりょう) 자료
- 用意(ようい) 준비
- 今日(きょう) 오늘
- 質問(しつもん) 질문
- あれこれ 이것저것
- 困(こま)る 곤란하다

Conversation practice 2

♣ 다음 밑줄 친 부분을 바꾸어 회화를 연습해 보세요.

1

A：もうすぐ①会議(かいぎ)が始(はじ)まります。また遅(おく)れてしまいますよ。
B：②3階(がい)で走(はし)ればいいんですよ。そうすれば、間(ま)に合(あ)いますから。

1 ① 映画(えいが) ② タクシーに乗(の)る
2 ① 授業(じゅぎょう) ② 急(いそ)ぐ
3 ① 音楽会(おんがっかい) ② 速(はや)く歩(ある)く

2

A：そんなに①走(はし)ってはダメですよ。
B：でも、②遅(おく)れては大変(たいへん)です。

1 ① 無理(むり)する ② 試験(しけん)に落(お)ちる
2 ① ダイエットする ② 太(ふと)る
3 ① 食(た)べ物(もの)を残(のこ)す ② 食(た)べ過(す)ぎる

어휘 乗(の)る 타다 | 音楽会(おんがっかい) 음악회 | ダイエット 다이어트 | 太(ふと)る 살찌다 | 食(た)べ物(もの) 먹을 것 | 残(のこ)す 남기다 | 食(た)べ過(す)ぎる 지나치게 먹다

Key-point

01 ～ば / ～なければ+いい

「～なければ＋いい」와 같이 「～ば」의 뒤에는 긍정 표현이 이어져, 상대를 향한 권유나 조언의 의미를 나타낸다. ☞ 다음 02 참조

예 今度のテストは、これだけ読めば大丈夫ですよ。
이번 시험은 이것만 읽으면 괜찮아요.

メールのお返事が遅くなければいいんですが。
메일 답장이 늦지 않으면 좋겠는데요.

02 ～なければ+いけない / ならない

「～なければ＋いけない」는 상대를 향한 어떠한 상황에서의 의무나 명령을 나타내고, 「～なければ＋ならない」는 상식이나 법률, 도덕, 사회적 통념 등의 레벨에서의 의무를 나타낸다. 결국 양쪽 모두 이중 부정으로, 긍정의 의미를 강조하고 있다.

☞ 106p 「Q&A」와 219p 「부록」 참조

예 パソコンが古くなって、新しいものを買わなければいけませんね。(권유)
컴퓨터가 오래되어 새 것을 사야 되겠네요.

今日は早く家に帰って、母の手伝いをしなければなりません。(의무)
오늘은 일찍 집에 돌아가서 엄마를 도와야 해요.

03 ～ては / ～なくては+いけない

「～なくては＋いけない」와 같이 「～ては」에는 부정 표현이 이어지는데, 이때의 의미는 금지(부정 명령)나 명령(긍정 명령)이 된다.

예 5日までに、家賃を払わなくてはいけません。5日を過ぎてはいけませんよ。

5일까지는 집세를 지불해야 합니다. 5일을 지나서는 안 돼요.

学校では、先生の説明をよく聞かなくてはいけません。

학교에서는 선생님의 설명을 잘 들어야 합니다.

04 ～て(も) / ～なくて(も)+いい

「～て(も)＋いい」는「～なくて(も)＋いい」는 다른 사람에게 허가를 하거나 허가를 구하거나 하는 경우에 사용한다.

예 風邪ですが、お風呂には入って(も)いいですよ。

감기입니다만, 목욕은 해도 됩니다.

子どもは払わなくて(も)いいのですか。

어린이는 지불하지 않아도 되는 건가요?

05 ～て / ～なくて+감정을 나타내는 말

「～て」의 뒤에 감정을 나타내는 말이 오면 그「～て」는 그 원인을 나타낸다.

예 今日は財布を忘れてしまって困りました。

오늘은 지갑을 잃어 버려서 난처했습니다.

メールの返事が来なくて、とても心配です。

메일의 답장이 오지 않아서 매우 걱정입니다.

Grammar

1. 동사의 ば형

1그룹 동사	2그룹 동사	3그룹 동사
어미를 え단으로 바꾸고 + ば	어미 る를 떼고 + れば	무조건 암기
예 いく(가다) ↓ いけ＋ば(가면)	예 おき~~る~~(일어나다) ↓ おき＋れば(일어나면)	くる(오다) ↓ くれば(오면) する(하다) ↓ すれば(하면)

2. い형용사의 ば형

い형용사
어미 い를 けれ로 바꾸고＋ば
예 さむい(춥다) → さむけれ＋ば(추우면)

＊ 그밖에 희망을 나타내는 조동사 「たい」나 부정 표현을 나타내는 조동사 「ない」 등도 い형용사와 같은 방법으로 「ば형」을 만든다.

예 いき＋たい 가고 싶다 → いき＋たけれ＋ば 가고 싶으면
いか＋ない 가지 않다 → いか＋なけれ＋ば 가지 않으면

3. な형용사와 명사의 ば형

な형용사	명사
어미 だ를 なら로 바꾸고＋(ば)	명사 ＋なら＋(ば)
예 しずかだ(조용하다) ↓ しずかなら＋(ば)(조용하면)	예 学生(がくせい)＋だ(학생이다) ↓ 学生(がくせい)＋なら＋(ば)(학생이면)

＊「なら」 뒤의 「ば」는 생략 가능하다.

4. 동사의 ば형 바꾸기

♣ 다음 표를 완성해 보세요.

기본형	동사 분류	ば형
会う(만나다)		
行く(가다)		
する(하다)		
いる(있다)		
泳ぐ(헤엄치다)		
話す(이야기하다)		
起きる(일어나다)		
ある(있다)		
待つ(기다리다)		
死ぬ(죽다)		
来る(오다)		
帰る(돌아가다)		
飲む(마시다)		
食べる(먹다)		

Review

1 다음을 보기와 같이 문장을 바꾸세요.

보기 難(むずか)しい質問(しつもん)が出(で)る。
→ 難(むずか)しい質問(しつもん)が出(で)なければいいんですが。

1 夜(よる)、赤(あか)ちゃんが泣(な)く。 → ____________________

2 来月(らいげつ)、会社(かいしゃ)をやめる。 → ____________________

3 明日(あした)、雨(あめ)が降(ふ)る。 → ____________________

2 다음을 보기와 같이 문장을 바꾸세요.

보기 駅(えき)へはこの道(みち)を行(い)く。
→ 駅(えき)へはこの道(みち)を行(い)かなくてはいけません。

1 毎日(まいにち)たくさんの宿題(しゅくだい)をする。
→ ____________________

2 この紙(かみ)には、ボールペンで書(か)く。
→ ____________________

3 風邪(かぜ)の時(とき)は、病院(びょういん)に行(い)く。
→ ____________________

어휘 夜(よる) 밤 | 赤(あか)ちゃん 아기 | ボールペン 볼펜 | ソファ 소파 | 屋上(おくじょう) 옥상 | 上(のぼ)る 오르다

3 다음을 보기와 같이 문장을 바꾸세요.

> **보기** 3階(がい)で走(はし)る。
>
> → 3階(がい)で走(はし)れ**ばいいですよ**。
>
> → 3階(がい)で走(はし)っ**てはダメですよ**。

1 ここでタバコを吸(す)う。

→ ______________________________

→ ______________________________

2 そのソファで寝(ね)る。

→ ______________________________

→ ______________________________

3 屋上(おくじょう)へはこの階段(かいだん)を上(のぼ)る。

→ ______________________________

→ ______________________________

4 다음 문장을 일본어로 작문하세요.

1 저, 이 일본어 이런 식으로 해도 될까요?

→ ______________________________

2 한국어에서는 어떻게 됩니까?

→ ______________________________

3 말한 후에 어려운 질문이 안 나오면 좋겠는데요.

→ ______________________________

Listening

Track 21

1 다음 대화를 듣고 해야 하는 일에는 ○, 하지 않아도 되는 일에는 ×를 표시하세요.

1 

( )

2 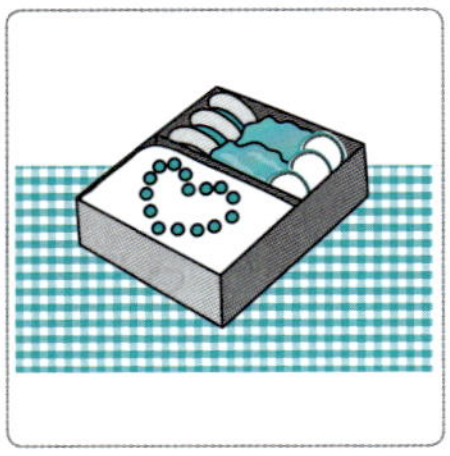

( )

3 

( )

2 다음 대화를 듣고 내용과 일치하도록 알맞은 말을 동사의 ば형으로 써 넣으세요.

1 リムジンバスに________________飛行機(ひこうき)の時間(じかん)に間(ま)に合(あ)います。

2 この道(みち)をまっすぐ________________銀行(ぎんこう)です。

어휘 ピクニック 피크닉 | 食堂(しょくどう) 식당 | 返(かえ)す 돌려주다 | あさって 모레 | かまう 상관하다 | 午後(ごご) 오후 | 飛行機(ひこうき) 비행기

Kanji

♣ 한자를 익히면서 써 보세요.

한자			
ざんねん 残念 남을 잔 + 생각 념 유감	残念	残念	残念
げんいん 原因 근원 원 + 인할 인 원인	原因	原因	原因
いみ 意味 뜻 의 + 뜻 미 의미	意味	意味	意味
かいぎ 会議 모일 회 + 의논할 의 회의	会議	会議	会議
しりょう 資料 재물 자 + 재료 료 자료	資料	資料	資料

Q&A

「～すれば」와 「～しては」의 차이

「～すれば(～하면)」와 「～しては(～해서는)」는 어떻게 다른가요?

「～すれば＋긍정적인 내용의 표현(positive ideas)」인 것과 「～しては＋부정적인 내용의 표현(negative ideas)」의 차이라고 할 수 있죠.

그럼 이중 부정이 되는 「～なければならない」와 「～なくてはいけない」는 어떤가요?

「～なければならない」는 이중 부정이 되어서 「～해야 한다」라는 의미를 강조하게 됩니다. 이것은 의무를 나타내는데 모든 인칭에서 사용할 수 있어요. 그런데 「～なくてはいけない」는 2인칭에 사용하면 명령, 3인칭에 사용하면 의무가 됩니다. 참고로 「～てはいけない」는 허가를 나타내는 「することができない」와 같은 의미로, 듣는 사람이나 제3자를 향한 「금지」를 나타냅니다.

네, 그렇군요. 그것 말고도 「～なければならない」는 문장체로서 많이 쓰이고, 「～なくてはいけない」는 회화체에서 많이 쓰이는 차이도 있네요.

제8과

2時までには来いと言ってました

2시까지는 오라고 했습니다.

비공손체

명령형＋と

～か＋言う／聞く

～てくれる／～てあげる／～てもらう

い의 생략

▶ Learning Point

이번 과에서는 동사의 명령형을 학습하고, 일본어의 수수표현에 대해 공부합니다. 수수표현에는 물건을 주고 받거나 어떤 이익디 되는 일을 해 주고 받는 표현이 있습니다.

Dialogue 1

Track 22

［学生食堂(がくせいしょくどう)で］

イ　午後(ごご)から雨(あめ)が降(ふ)るそうですよ。傘(かさ)、持(も)ってきましたか？

山田(やまだ)　傘(かさ)なんか、持(も)ってきてませんけど、雨(あめ)が降(ふ)るんですか？

イ　ええ、さっきの天気予報(てんきよほう)で、そう言(い)ってました。

山田　雨(あめ)が降(ふ)っては困(こま)りますね。これからアルバイトがあって、外(そと)で仕事(しごと)をしなければならないんです。

イ　それは大変(たいへん)ですね。何時(なんじ)からですか。

山田　2時(にじ)までには来(こ)いと言(い)ってました。このごろ、ちょっと忙(いそが)しくて、早(はや)く始(はじ)めなければ、真夜中(まよなか)近(ちか)くまでかかってしまうんです。

イ　どこでもそうだと聞(き)いてますが、本当(ほんとう)なんですね。

낱말과 표현

午後(ごご) 오후
持(も)つ 가지다
さっき 아까
天気予報(てんきよほう) 일기예보
外(そと) 밖
大変(たいへん)だ 힘들다
このごろ 요즘
始(はじ)める 시작하다
真夜中(まよなか) 한밤중

Conversation practice 1

♣ 다음 밑줄 친 부분을 바꾸어 회화를 연습해 보세요.

1

A：午後から①<u>雨が降る</u>そうですよ。
②<u>傘</u>、持ってきましたか？
B：②<u>傘</u>なんか、持ってきてませんけど。

1. ① 晴れる　② 帽子
2. ① 雪が降る　② 手袋
3. ① 暑くなる　② 汗を拭くタオル

2

A：①<u>雨が降っ</u>ては困りますね。
これから、②<u>外で仕事をし</u>なければならないんです。
B：それは大変ですね。

1. ① 時間がかかる　② 教室で試験を受ける
2. ① 遅くなる　② 出張に行く
3. ① 音楽の音が大きい　② 会議の準備をする

어휘 晴(は)れる 맑다 | 帽子(ぼうし) 모자 | 雪(ゆき) 눈 | 手袋(てぶくろ) 장갑 | 暑(あつ)い 덥다 | 汗(あせ) 땀 | 拭(ふ)く 닦다 | タオル 타월 | 教室(きょうしつ) 교실 | 受(う)ける (시험을) 치르다 | 遅(おそ)い 늦다 | 音(おと) 소리 | 大(おお)きい 크다 | 準備(じゅんび) 준비

Dialogue 2

Track 23

［社員食堂で］

鈴木　部長が昼ご飯のあと、事務所まで来てくれと言ってましたよ。

アン　どんな用か聞いてますか？

鈴木　工場を見に来る人がいるので、案内してあげてほしいと言ってましたよ。３時ごろに、２０人くらい来るそうです。

アン　そうですか。ヘルメットの用意をしなければなりませんね。

鈴木　ええ、安全が一番です。かぶってもらわなくてはいけませんね。

アン　じゃ、早く食べて、部長のところへ行きましょうか。部長にコーヒーをご馳走してもらいましょう。

낱말과 표현

昼(ひる)ご飯(はん) 점심밥
事務所(じむしょ) 사무소
くれる (타인이 나에게) 주다
用(よう) 볼 일
工場(こうじょう) 공장
案内(あんない) 안내
あげる (내가 타인에게) 주다
ヘルメット 헬멧
安全(あんぜん)だ 안전하다
一番(いちばん) 가장
かぶる (모자를) 쓰다
もらう 받다
ご馳走(ちそう)する (음식을) 대접하다

Conversation practice 2

♣ 다음 밑줄 친 부분을 바꾸어 회화를 연습해 보세요.

1

A：①部長(ぶちょう)が昼(ひる)ご飯(はん)のあと、②事務所(じむしょ)まで来(き)てくれと言(い)ってましたよ。

B：どんな用(よう)か聞(き)いてますか？

1 ① 先生(せんせい) ② 研究室(けんきゅうしつ)

2 ① 社長(しゃちょう) ② 社長室(しゃちょうしつ)

3 ① 先輩(せんぱい) ② 教室(きょうしつ)

2

A：①ヘルメットの用意(ようい)をしなければなりませんね。

B：ええ、②安全(あんぜん)が一番(いちばん)です。

1 ① 運動会(うんどうかい) ② みんなが手伝(てつだ)ってくれるの

2 ① お弁当(べんとう) ② 母(はは)に作(つく)ってもらうの

3 ① イさんは引(ひ)っ越(こ)し ② 手伝(てつだ)ってあげるの

어휘 研究室(けんきゅうしつ) 연구실 | 社長(しゃちょう) 사장 | 社長室(しゃちょうしつ) 사장실 | 手伝(てつだ)う 돕다 | 母(はは) 엄마 | 作(つく)る 만들다 | 引(ひ)っ越(こ)し 이사

Key-point

01 의문사 ～か＋言うか / 聞くか？

「의문사 ～か＋言うか？/ 聞くか?」에는 다음과 같은 쓰임이 있다.

☞「의문사 ～か＋と言う / と聞く」의 차이는 120p「Q&A」참조

예 イさんはどこへ行くか言いましたか？

이○○ 씨는 어디로 가는지 말했어요?

→ 이○○ 씨는 자기가「어디로 가는지」를 말했어요?

キムさんは「何時に会議を始めるのか」聞きましたか？

김○○ 씨는「몇 시에 회의를 시작하는 것인지」들었어요?

→「김○○ 씨가 몇 시에 회의를 시작할 것인지」를 김○○ 씨로부터 들었어요?

02 ～てくれる / ～てあげる / ～てもらう

1) ～てくれる

2인칭(듣는 사람) 혹은 3인칭(제3자)이 1인칭(말하는 사람) 또는 듣는 사람 쪽 사람들에게 동작을 부여한다. 그것에 대해 말하는 사람은 감사의 기분을 가진다.

예 友だちが(私に / 弟に) DVDを貸してくれました。

친구가 (나에게/남동생에게) DVD를 빌려 주었습니다.

えっ、本当にこれを買ってくれるのですか。

엣, 정말로 이걸 사 주는 겁니까?

あのイさんが荷物を持ってくれたのですか。 (듣는 사람이 말하는 쪽 사람인 경우)

저 이○○ 씨가 짐을 들어 준 거에요?

2) ～てあげる

1인칭(말하는 사람) 혹은 2인칭(듣는 사람)이 3인칭(제3자)에게 동작을 부여하고, 말하는 사람은 듣는 사람에게 은혜를 베푸는 기분을 가진다. ☞「～てあげる」의 인칭 제한은 220p「부록」참조

예 キムさんが教科書を忘れてきたので、貸してあげました。

김○○ 씨가 교과서를 잊고 왔기 때문에 빌려 주었습니다

昨日のイさんの引っ越し、手伝ってあげましたか。

어제 이○○ 씨의 이사, 도와 주었어요?

3) ～てもらう

1인칭(말하는 사람) · 2인칭(듣는 사람) · 3인칭-①(제3자-①)이 3인칭-②(제3자-②)로부터 동작을 요구하거나(사전형일 때) 혹은 동작을 받는다(た형일 때). 그것에 대해 말하는 사람은 듣는 사람으로부터 은혜를 받는 기분을 가진다. 「～てもらう」는 한국어로 직역하면 부자연스러우므로 다음 예문들과 같이 문장을 이해한 후 의역하는 것이 좋다.

☞ 「～てもらう」의 인칭 제한은 220p 「부록」 참조

예 この絵、先生に描いてもらいました。

이 그림, 선생님이 그려 주었습니다.

小林君、来週、東京へ出張してもらいますよ。 (과장으로부터의 명령)

고바야시 군, 다음 주, 도쿄로 출장 가세요.

03 い의 생략

일본어의 회화체에서는 다음과 같이 「い」가 생략되는 경우가 있다.

예 食べている → 食べてる 먹고 있다

飛んでいく → 飛んでく 날아간다

Grammar

1. 동사의 명령형

1그룹 동사	2그룹 동사	3그룹 동사	
어미를 え단으로 바꾼다	어미 る를 떼고 + ろ	무조건 암기	
예 いく(가다) ↓ いけ(가라)	예 おきる(일어나다) ↓ おき + ろ(일어나라)	くる(오다) ↓ こい(와라)	する(하다) ↓ しろ(해라)

주의 「ある(있다)」 등과 같은 상태 동사는 명령형을 만들 수 없다.

☞ 「동사 명령형의 불규칙」은 221p 「부록」 참조

2. 동사의 명령형의 쓰임

동사의 명령형은 어떤 특수한 환경, 예를 들어 군대나 그와 유사한 조직, 혹은 매우 긴박한 상황이거나 건설 현장 등의 일터에서가 아니라면 일상생활에서 사용하는 일은 없다. 그러므로 일상회화에서 「명령형」이 사용되는 것은 다음과 같은 경우에서뿐이다.

1) 주의를 촉구하는 포스터나 교통 표지(긍정명령과 부정명령 또는 금지명령)

예 危(あぶ)ない！止(と)まれ！走(はし)るな！ 위험해! 멈춰! 뛰지 마!

待(ま)て！ゴミを捨(す)てるな！ 기다려! 쓰레기 버리지 마!

2) 전하는 말이나 알림 등

예 キムさんに教室(きょうしつ)で待(ま)てと言(い)ってください。

김○○ 씨에게 교실에서 기다리라고 말해주세요.

みんなに明日(あした)の朝(あさ)8時(じ)に集(あつ)まれと知(し)らせてください。

모두에게 내일 아침 8시에 모이라고 알려주세요.

3. 동사의 명령형 바꾸기

♣ 다음 표를 완성해 보세요.

기본형	동사 분류	명령형
会う(만나다)		
行く(가다)		
する(하다)		
いる(있다)		
泳ぐ(헤엄치다)		
話す(이야기하다)		
起きる(일어나다)		
乗る(타다)		
待つ(기다리다)		
死ぬ(죽다)		
来る(오다)		
帰る(돌아가다)		
飲む(마시다)		
食べる(먹다)		

Review

1 다음을 보기와 같이 문장을 바꾸세요.

> **보기** 2時までには来る。
>
> → 2時までには来いと言ってました。

1. 課長は、もう１回電話をかける。

   → ______________________

2. 先生は、部屋の中では帽子を脱ぐ。

   → ______________________

3. 母は、きれいに掃除をする。

   → ______________________

2 다음을 보기와 같이 문장을 바꾸세요.

> **보기** どんな用ですか。
>
> → どんな用か聞いてますか。

1. テストは何曜日ですか。

   → ______________________

2. クラスの学生は何人ですか。

   → ______________________

3. 留学生は誰ですか。

   → ______________________

3 다음을 보기와 같이 문장을 바꾸세요.

보기 部長(ぶちょう)にコーヒーをご馳走(ちそう)する。

→ 部長(ぶちょう)にコーヒーをご馳走(ちそう)してもらいましょう。

1. 鈴木(すずき)さんに日本語(にほんご)を教(おし)える。

   → ______________________________

2. 引(ひ)っ越(こ)しの時(とき)、友(とも)だちに手伝(てつだ)う。

   → ______________________________

3. 韓国旅行(かんこくりょこう)は、キムさんに案内(あんない)する。

   → ______________________________

4 다음 문장을 일본어로 작문하세요.

1. 비가 내려서는 곤란하겠네요.

   → ______________________________

2. 3시 경에 20명 정도 온다고 합니다.

   → ______________________________

3. 부장님한테 커피를 대접해 달라고 합시다. (～てもらう)

   → ______________________________

어휘 脱(ぬ)ぐ 벗다 | きれいだ 깨끗하다

Listening

Track 24

1 다음 내용을 듣고 예와 같이 누가 누구에게 해 준 것인지 화살표로 연결하세요.

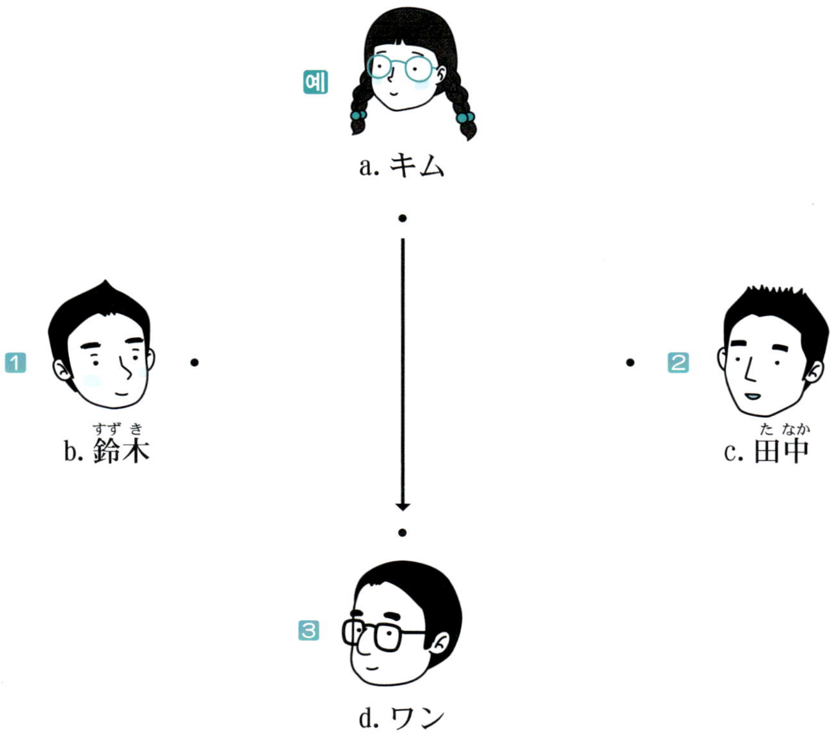

2 다음 내용을 듣고 내용에 해당하는 것을 a와 b 중에서 고르세요.

1 a. 2時(じ)までに来(く)る　　b. 2時(じ)までにくれる　　(　　　　)

2 a. 名前(なまえ)をかける　　b. 名前(なまえ)を書(か)く　　(　　　　)

어휘 貸(か)す 빌려주다 | 紙(かみ) 종이

Kanji

♣ 한자를 익히면서 써 보세요.

午後(ごご) 정오 오 + 뒤 후 오후	午後	午後	午後
事務所(じむしょ) 일 사 + 업무 무 + 곳 소 사무소	事務所	事務所	事務所
工場(こうじょう) 일 공 + 마당 장 공장	工場	工場	工場
案内(あんない) 인도할 안 + 안 내 안내	案内	案内	案内
用意(ようい) 쓸 용 + 헤아릴 의 준비	用意	用意	用意

Q&A

「의문사 ～か＋言うか？ / 聞くか？」와 「의문사 ～か＋と言う / と聞く」의 차이

「의문사 ～か＋言うか？ / 聞くか？」와 「의문사 ～か＋と言う / と聞く」는 어떻게 다른가요?

「의문사 ～か＋言うか？」에서의 「言う」는 「말하다」의 뜻이 아닌 「尋ねる(묻다)」라는 의미에요. 그러니까 「田中さんは『どこへ行くか』と言ったのですか？」는 다나카 씨가 「(여러분) 어디로 가요?」하고 물었는지 안 물었는지를 확인하고 있는 것이죠.

그럼 「田中さんは『何時に会議を始めるのか』と聞きました」는 회의를 시작하는 시간을 다나카 씨가 물었다는 내용이겠네요.

네, 반면에 「田中さんは『何時に会議を始めるのか』聞きましたか？」라고 하면 당신은 다나카 씨로부터 몇 시에 회의를 시작할 작정인지 들었는가를 묻는 것입니다.

그렇군요. 「다나카 씨가 물은 것」인지 「당신이 들은 것」인지의 차이가 있는 것이군요.

제9과

先生に叱られました

선생님에게 야단맞았습니다.

ない형+(ら)れる

ない형+(さ)せる

ない형+(さ)せられる

～って

▶ Learning Point

이번 과에서는 일본어의 수동문과 사역문에 대해 배웁니다.
동사를 수동형과 사역형으로 바꾸는 방법을
익힌 후 더 나아가 이 두 가지를 결합한
사역수동형에 대해서도 학습합니다.

Dialogue 1

Track 25

[授業のあとで]

イ　先生、ちょっとよろしいでしょうか？ 質問があるのですが。

先生　ええ、どうぞ。ご質問って、どんなことですか。

イ　ここがよくわからないんです。これ、どういう意味でしょうか。

先生　ちょっと見せてください。ああ、これですか。

「先生に叱られました。」

どう説明すればいいでしょうか。

ええ～と、つまり「先生が私を叱った」のです。

イ　あ、わかりました。「先生が私を叱っ」て、それで「私が先生に叱られた」のですね？

낱말과 표현

見(み)せる 보여주다	説明(せつめい) 설명	それで 그래서
叱(しか)る 야단치다	つまり 즉	

Conversation practice 1

♣ 다음 밑줄 친 부분을 바꾸어 회화를 연습해 보세요.

1

A：先生、ちょっとよろしいでしょうか？ ①質問があるのですが。

B：ええ、どうぞ。②ご質問って、どんなことですか。

1	① 心配なことがある	② ご心配なこと
2	① 父から電話があった	② お父さんからのお電話
3	① 母から手紙が来た	② お母さんからのお手紙

2

A：①「先生に叱られました」は、どう説明すればいいでしょうか。

B：ええ～と、つまり②「先生が私を叱った」のです。

1	① 友だちに言われました	② 友だちが私に言った
2	① 彼にメールを送られました	② 彼が私にメールを送った
3	① 母に日記を見られました	② 母が私の日記を見た

어휘 心配(しんぱい)だ 걱정이다 | お父(とう)さん 아버지 | お母(かあ)さん 어머니 | 彼(かれ) 그 | メール 메일 | 日記(にっき) 일기

Dialogue 2

Track 26

［会議のあとで］

アン　今日の会議、どうでしたか。聞かせてください。

鈴木　最近、仕事がうまくいかなくて、社長にあれこれ言われました。

アン　ああ、それでみんな「明日から、あちこちの会社へ行かされる」って言ってるんですね？ みんな、行くのですって？

鈴木　まさか。売り方のわからない人まで行かせないでしょう。

アン　そうですか。それならいいんですが。知らない会社に行かされるって聞いて、ちょっと驚いていました。

鈴木　そんな話を信じてはダメですよ。

낱말과 표현

最近(さいきん) 최근
うまい 잘하다
あちこち 이쪽저쪽
会社(かいしゃ) 회사
〜って ~라고 하다
まさか 설마
売(う)り方(かた) 파는 방법
それなら 그렇다면
驚(おどろ)く 놀라다
そんな 그런
信(しん)じる 믿다

Conversation practice 2

♣ 다음 밑줄 친 부분을 바꾸어 회화를 연습해 보세요.

1

A：①今日(きょう)の会議(かいぎ)、どうでしたか。聞(き)かさてください。
B：②社長(しゃちょう)にあれこれ③言(い)われました。

1 ① 今日(きょう)の授業(じゅぎょう)　② 先生(せんせい)　③ 質問(しつもん)する
2 ① 昨日(きのう)の試合(しあい)　② みんな　③ 叱(しか)る
3 ① 会話(かいわ)のテスト　② 日本人(にほんじん)の先生(せんせい)　③ 聞(き)く

2

A：①知(し)らない会社(かいしゃ)に行(い)かされるって聞いて、ちょっと驚(おどろ)いていました。
B：そんな話(はなし)を信(しん)じてはダメですよ。

1 ① これからは、試験(しけん)を受(う)けなくてもいい
2 ① だんだん物価(ぶっか)が上(あ)がる
3 ① 将来(しょうらい)は紙(かみ)の本(ほん)がなくなる

어휘 試合(しあい) 시합 | 会話(かいわ) 회화 | テスト 시험 | だんだん 점점 | 物価(ぶっか) 물가 | 上(あ)がる 오르다 | 将来(しょうらい) 장래 | なくなる 없어지다

Key-point

01 수동문

1) 일본의 전통적인 수동문

일본어의 전통적인 수동문은 다음과 같이 만들어진다.

☞ 수동문에 대한 내용은 134p「Q&A」참조

예 先生が子どもを叱りました。

선생님이 아이를 야단쳤습니다.

→ 母親は先生に子どもを叱られました。

엄마는 선생님에게 (자신의) 아이를 야단 맞았습니다.

원래의 문장에서보다 수동문이 되었을 경우의 등장인물 수가 한 사람 늘어난다. 조사「が」는「に」로 바뀌지만,「を」는 바뀌지 않는 것에 주의한다.

예 雨が降りました。 비가 내렸습니다.

→ 私は雨に降られました。

나는 비가 오는 것을 당했습니다.(비를 맞아서 성가셨다)

母が病気で死にました。 엄마가 병으로 죽었습니다.

→ 父は母に病気で死なれました。

아버지는 어머니에게 병으로 인한 상을 당했습니다.
(아버지는 어머니가 죽어서 슬픔에 풀이 죽어 버렸다)

2) 외국어의 영향을 받은 수동문

☞ 외국어의 영향을 받은 수동문에 관한 내용은 222p「부록」참조

02 사역문

사역문은 모든 경우에 원래의 문장에서보다 등장인물이 한 사람 많다. 단, 이때의 사역문에 새롭게 등장하는 인물은 원래 문장의 인물보다 한 세대 정도 윗사람인 경우에 한정된다. 앞에서의 수동문 1)의 경우, 늘어난 인물에 피해나 민폐가 미치게 되지만, 사역문에서는 늘어난 인물이 원래 문장의 등장인물에 허가를 부여하는 경우와 강요하는 경우이다.

1) 허가를 부여하는 경우

예 子(こ)どもが行(い)きたいと言(い)っているんだから、行(い)かせればいいでしょう。

아이가 가고 싶다고 하는 거니까, 가게 하면 되죠.

孫(まご)がお菓子(かし)を食(た)べたいと言(い)ったから、食(た)べさせましたよ。

손자가 과자를 먹고 싶다고 했기 때문에 먹게 했어요.

2) 강요하는 경우

예 お酒(さけ)は飲(の)めないって？ ダメです。無理(むり)やり飲(の)ませてください。

술은 못 마신다고? 안 돼요. 억지로 마시게 하세요.

行(い)かないですって？ 行(い)かないと言(い)っても行(い)かせましょう。

안 간대요? 안 간다고 해도 가게 합시다.

☞사역수동의 단축형에 대해서는 222p「부록」참조

Grammar

1. 동사의 수동형

1그룹 동사	2그룹 동사	3그룹 동사	
어미를 あ단으로 바꾸고 + れる	어미 る를 떼고 + られる	무조건 암기	
예 いく(가다) ↓ いか+れる (감을 당하다)	예 おき~~る~~(일어나다) ↓ おき+られる (일어나지다)	くる(오다) ↓ こられる (옴을 당하다)	する(하다) ↓ される (당하다)

2. 동사의 사역형

1그룹 동사	2그룹 동사	3그룹 동사	
어미를 あ단으로 바꾸고 + せる	어미 る를 떼고 + させる	무조건 암기	
예 いく(가다) ↓ いか+せる (가게 하다)	예 おき~~る~~(일어나다) ↓ おき+させる (일어나게 하다)	くる(오다) ↓ こさせる (오게 하다)	する(하다) ↓ させる (하게 하다)

3. 동사의 사역수동형

1그룹 동사	2그룹 동사	3그룹 동사	
어미를 あ단으로 바꾸고 + せられる	어미 る를 떼고 + させられる	무조건 암기	
예 いく(가다) ↓ いか+せられる *いか+される ([억지로]가다)	예 おき~~る~~(일어나다) ↓ おき+させられる *おき+さされる ([억지로]일어나다)	くる(오다) ↓ こさせられる *こさされる ([억지로]오다)	する(하다) ↓ させられる *さされる ([억지로]하다)

☞「*」의 사역수동의 단축형에 대해서는 222p「부록」참조

4. 동사의 수동형 · 사역형 · 사역수동형 바꾸기

♣ 다음 표를 완성해 보세요.

기본형	수동형	사역형	사역수동형
会う(만나다)			
行く(가다)			
する(하다)			
見る(보다)			
泳ぐ (헤엄치다)			
話す(이야기하다)			
起きる(일어나다)			
乗る(타다)			
待つ(기다리다)			
死ぬ(죽다)			
来る(오다)			
帰る(돌아가다)			
飲む(마시다)			
食べる(먹다)			

Review

1 다음을 보기와 같이 문장을 바꾸세요.

보기 先生(せんせい)が私(わたし)を叱(しか)る。
→ 私(わたし)は先生(せんせい)に叱(しか)られました。

1. 課長(かちょう)が彼(かれ)を呼(よ)ぶ。 → ______
2. 先生(せんせい)がキムさんをほめる。 → ______
3. 兄(あに)が弟(おとうと)をなぐる。 → ______

2 다음을 보기와 같이 문장을 바꾸세요.

보기 今日(きょう)の会議(かいぎ)のこと、聞(き)く。
→ 今日(きょう)の会議(かいぎ)のこと、聞(き)かせてください。

1. 今日(きょう)は学校(がっこう)を休(やす)む。 → ______
2. 友(とも)だちと外(そと)で遊(あそ)ぶ。 → ______
3. 今度(こんど)のお食事(しょくじ)、払(はら)う。 → ______

어휘 呼(よ)ぶ 부르다 | ほめる 칭찬하다 | 兄(あに) 형 | なぐる 때리다 | 後(うし)ろ 뒤 | 立(た)つ 서다

3 다음을 보기와 같이 문장을 바꾸세요.

보기 あちこちの会社(かいしゃ)に行(い)く

→ あちこちの会社(かいしゃ)に行(い)かせられました。

→ あちこちの会社(かいしゃ)に行(い)かされました。

1 ビールを飲(の)む。

→ ______

→ ______

2 英語(えいご)の勉強(べんきょう)をする。

→ ______

→ ______

3 教室(きょうしつ)の後(うし)ろに立(た)つ。

→ ______

→ ______

4 다음 문장을 일본어로 작문하세요.

1 선생님에게 야단맞았습니다.

→ ______

2 모두 가는 거래요?

→ ______

3 파는 방법을 모르는 사람까지 가게 하지 않겠죠.

→ ______

Listening

Track 27

1 다음 대화를 듣고 내용에 해당하는 그림을 고르세요.

1 (　　　　)　　2 (　　　　)　　3 (　　　　)

2 다음 대화를 듣고, 다나카 군에게 시키려고 하는 벌칙은 무엇인지를 모두 고르세요.

(　　　　　　　　)

어휘 犬(いぬ) 개 | 手(て) 손 | 噛(か)む 물다 | 今朝(けさ) 오늘 아침 | 足(あし) 발 | ペナルティ 벌칙 | 嫌(きら)いだ 싫어하다

Kanji

♣ 한자를 익히면서 써 보세요.

せんせい 先生 이끌 선 + 기를 생 / 선생	先生	先生	先生
しつもん 質問 바탕 질 + 물을 문 / 질문	質問	質問	質問
せつめい 説明 말씀 설 + 밝힐 명 / 설명	説明	説明	説明
しごと 仕事 일할 사 + 일 사 / 일	仕事	仕事	仕事
しゃちょう 社長 모일 사 + 우두머리 장 / 사장	社長	社長	社長

Q&A

일본어의 수동과 사역 표현

일본어에서는요, 왜 수동과 사역 표현을 즐겨 쓰는 것인지 잘 모르겠어요.

그건요, 수동이나 사역문으로 쓰면 원래의 문장에서 드러나지 않았던 사람(대부분은 말하는 사람, 혹은 사건의 당사자)이 드러나게 되기 때문입니다. 이때 문장에 드러난 사람에게는 어떤 피해나 성가심이 미치게 된다는 특징이 있어요.

아, 그럼, 「彼が東京へ行く(그가 도쿄에 간다)」라는 문장을 수동문인 「私は彼に東京へ行かれる」로 표현했을 때는 「그」가 도쿄에 간 일로 인해 「나」는 어떤 성가심이나 피해를 입은 느낌이 있고, 이것을 다시 사역문인 「私は彼に東京へ行かせる」라고 하면 내가 그를 도쿄에 파견한다는 의미의 문장이 되는 것이군요.

네, 더 나아가서 능동문을 사역수동으로 표현하게 되면 「彼は東京へ行かされる」가 되어서 「그」는 원치 않지만 억지로 도쿄에 간다는 느낌을 주게 됩니다.

네, 말씀대로 수동이나 사역, 사역수동문은 능동문에서보다 〈피해〉나 〈성가심〉 등의 느낌이 뚜렷해진다는 것을 알았습니다.

제10과

フードコーナーで探せるでしょう

푸드 코너에서 찾을 수 있겠죠.

가능형

사전형／ない형＋と

た형＋ら

▶ Learning Point

이번 과에서는 동사의 가능형에 대해 배웁니다.
동사의 형태를 바꾸어서 직접
가능표현을 만들 수 있습니다.

Dialogue 1

Track 28

［テーマパークで］

山田	もうそろそろ、お昼ですね。食事にしましょうか。
イ	ええ、でも、まだ、おなか、空きませんね。それに、ご飯を食べると、眠たくなって、遊べなくなるかもしれません。
山田	でも、食事をしないと、元気がなくなって、何もできませんよ。
イ	そうですね。ちょっと疲れてきましたから、食べましょうか。
山田	そうしましょう。食べて少し休んだら、疲れが取れるでしょう。
イ	そうすれば、何にでも乗れますね。あ、そうそう、どこでチーズケーキが食べられるか知っていますか。
山田	フードコーナーで探せるでしょう。

낱말과 표현

そろそろ 슬슬
おなか 배
空(す)く (속이) 비다
眠(ねむ)たい 졸리다
疲(つか)れを取(と)る 피곤을 풀다
そうそう 맞다 맞다
チーズケーキ 치즈 케이크
フードコーナー 푸드 코너

Conversation practice 1

♣ 다음 밑줄 친 부분을 바꾸어 회화를 연습해 보세요.

❶

A：もうそろそろ、①お昼(ひる)ですね。②食事(しょくじ)にしましょうか。
B：ええ、でも、まだ、③おなか、空(す)きませんね。

1 ① おやつの時間(じかん)です ② お茶(ちゃ)に ③ 時間(じかん)が早(はや)いです
2 ① 春休(はるやす)みです ② 山登(やまのぼ)り ③ 山(やま)は寒(さむ)いです
3 ① 暗(くら)くなります ② 帰(かえ)る用意(ようい)を ③ ダメです

❷

A：どこで①チーズケーキが食(た)べられるか知(し)っていますか。
B：②フードコーナーで探(さが)せるでしょう。

1 ① 駅弁(えきべん) ② 駅(えき)の土産物屋(みやげものや)
2 ① 韓国料理(かんこくりょうり) ② 新宿(しんじゅく)
3 ① たこ焼(や)き ② 商店街(しょうてんがい)

어휘 おやつ 간식 | 春休(はるやす)み 봄방학 | 山登(やまのぼ)り 산에 오르기 | 暗(くら)い 어둡다 | 駅弁(えきべん) 기차 안이나 역에서 파는 도시락 | 土産物屋(みやげものや) 토산품점 | 新宿(しんじゅく) 신주쿠 | たこ焼(や)き 문어구이 | 商店街(しょうてんがい) 상점가

Dialogue 2

Track 29

［ソウル駅(えき)の近(ちか)くで］

アン　あの、すみません。ソウル駅(えき)へ行(い)きたいんですが、どう行(い)けば、よろしいでしょうか。道(みち)に迷(まよ)ってしまいました。

男(おとこ)の人(ひと)　ソウル駅(えき)ですか。ええ～と、そうですね。あの高(たか)いビルの手前(てまえ)に信号(しんごう)が見(み)えますね？

アン　あそこに見(み)える銀行(ぎんこう)の向(む)こうですね?

男の人　そうです。あの信号(しんごう)まで行(い)って、交差点(こうさてん)のところを右(みぎ)に曲(ま)がってください。そのまま、まっすぐ行(い)くと、大(おお)きなデパートがあります。デパートが見(み)えてきましたら、もう一度(いちど)、誰(だれ)か に聞(き)いてください。ちょっと遠(とお)いですよ。

낱말과 표현

迷(まよ)う 헤매다
高(たか)い 높다
ビル 빌딩
手前(てまえ) 바로 앞
信号(しんごう) 신호(등)
見(み)える 보이다
向(む)こう 맞은편, 저쪽
交差点(こうさてん) 교차점
そのまま 그대로
大(おお)きな 커다란
一度(いちど) 한 번

Conversation practice 2

♣ 다음 밑줄 친 부분을 바꾸어 회화를 연습해 보세요.

1

A：あの、すみません。①ソウル駅(えき)へ行(い)きたいんですが、どう行(い)けば、よろしいでしょうか。

B：①ソウル駅(えき)ですか。ええ～と、そうですね。

1. ① 郵便局(ゆうびんきょく)
2. ① デパート
3. ① 入国管理局(にゅうこくかんりきょく)

2

A：あそこに見(み)える①銀行(ぎんこう)の向(む)こうですね？

B：そうです。あの信号(しんごう)まで行(い)って、交差点(こうさてん)のところを②右(みぎ)に曲(ま)がってください。

1. ① 病院(びょういん)　② 左(ひだり)に曲(ま)がる
2. ① 学校(がっこう)　② 過(す)ぎて橋(はし)を渡(わた)る
3. ① 交番(こうばん)　② 右(みぎ)に折(お)れて、2つ目(ふため)の道(みち)を左(ひだり)に入(はい)る

어휘　郵便局(ゆうびんきょく) 우체국 | 入国管理局(にゅうこくかんりきょく) 입국관리국 | 左(ひだり) 왼쪽 | 学校(がっこう) 학교 | 過(す)ぎる 지나다 | 橋(はし)を渡(わた)る 다리를 건너다 | 交番(こうばん) 파출소 | 右(みぎ)に折(お)れる 오른쪽으로 구부러지다

Key-point

01 사전형 / ない형＋と

「사전형＋と」와 「ない형＋と」는 말하는 사람이 확신있게 말할 수 있는 「조건」을 나타낸다. 의문문에서는 듣는 사람에게 묻고 있는 사실에 대해 확신을 가지고 있는가를 확인하게 된다. 단, 명령, 의뢰, 권유나 의견의 밀어 붙임 또는 허가를 구하는 경우에서 등, 듣는 사람이 상대의 말을 받아들일지 어떨지 불명확한 문장에서는 사용할 수 없다. 또한 실현될지 어떨지 불명확한 희망이나 바람, 예정을 나타내는 표현에도 사용할 수 없다.

예 お酒を飲むと顔が赤くなります。
술을 마시면 얼굴이 빨개집니다.

おなかが空くと、誰でも怒ります。
배가 고프면 누구라도 화를 냅니다.

春になると、この辺りは梅の花が咲きます。
봄이 되면, 이 근방은 매화가 핍니다.

あの山の上に登ると、晴れた日は、遠くにチェジュドが見えます。
저 산 위에 오르면 맑은 날은 멀리 제주도가 보입니다.

早く起きないと、また遅刻ですよ。
빨리 일어나지 않으면 또 지각이에요.

この道をまっすぐ行くと、海の見えるところに行けますか。
이 길을 곧장 가면 바다가 보이는 곳에 갈 수 있어요?

ドアを開けると、知らない人が立っていたのですか。
문을 열었더니 모르는 사람이 서 있던 거에요?

02 た형＋ら

「～たら」는 모든 문장에서의「조건」을 나타낼 수 있다.

예 お酒を飲んだら、車を運転してはいけません。
술을 마시면 차를 운전해서는 안 됩니다.

おなかが空いたら、パンでも食べてください。
배가 고프면 빵이라도 드세요.

小銭がなかったら、私が出しましょうか。
잔돈이 없으면 제가 낼까요?

病気が治ったら、運動会に出てもいいですか。
병이 나으면 운동회에 나가도 돼요?

お金ができたら、世界一周旅行をしようと思います。
돈이 생기면 세계일주 여행을 하려고 생각합니다.

단, 다음과 같은 과거의 사실을 나타내는 문장에서는「사전형＋と」와「た형＋ら」, 둘 다 사용할 수 있다. ☞ 양쪽의 차이는 148p「Q&A」참조

예 昨日、本屋に行くと / 行ったら、田中さんに会いました。
어제 책방에 갔더니 다나카 씨를 만났습니다.

冷たいものを食べると / 食べたら、おなかをこわしました。
차가운 것을 먹었더니 배탈이 났습니다.

家に帰ると / 帰ったら、誰もいませんでした。
집에 돌아갔더니 아무도 없었습니다.

Grammar

1. 동사의 가능형

1그룹 동사	2그룹 동사	3그룹 동사	
어미를 え단으로 바꾸고 + る	어미 る를 떼고 + られる	무조건 암기	
예 いく(가다) ↓ いけ+る (갈 수 있다)	예 おき~~る~~(일어나다) ↓ おき+られる (일어날 수 있다)	くる(오다) ↓ こられる (올 수 있다)	する(하다) ↓ できる (할 수 있다)

주의 1)「ある(있다)」등과 같은 상태 동사는 가능형을 만들 수 없다.

2) 원래의 문장에서 「~을/를」에 해당하는 조사 「~を」는 가능형 문장에서는 「~が」로 바뀐다.

예 水泳(すいえい)をする。 수영을 하다.

→ 水泳(すいえい)ができる。 수영을 할 수 있다.

최근 경향으로는 규범적이지는 않지만 특히 일상생활에서 자주 사용되는 2그룹 동사나 혹은 3그룹 동사인 「来(く)る」의 가능형이 1그룹 동사와 같이 되는 경우가 있다. 단, 시험이나 스피치를 할 때, 리포트 등의 제출물이나 편지글 등의 문장체에서는 허용되지 않는다.

2그룹 동사 食(た)べる → 食(た)べれ+る　　考(かんが)える → 考(かんが)えれ+る

起(お)きる → 起(お)きれ+る　　開(あ)ける → 開(あ)けれ+る

3그룹 동사 来(く)る → 来(こ)れる

2. 동사의 가능형 바꾸기

♣ **다음 표를 완성해 보세요.**

기본형	동사 분류	가능형
会う(만나다)		
行く(가다)		
する(하다)		
いる(있다)		
泳ぐ(헤엄치다)		
話す(이야기하다)		
起きる(일어나다)		
乗る(타다)		
待つ(기다리다)		
死ぬ(죽다)		
来る(오다)		
帰る(돌아가다)		
飲む(마시다)		
食べる(먹다)		

Review

1 다음을 보기와 같이 문장을 바꾸세요.

보기 ご飯(はん)を食(た)べる / 眠(ねむ)たくなる

→ ご飯(はん)を食(た)べると眠(ねむ)たくなります。

1. 山(やま)に登(のぼ)る / 町(まち)が見(み)える

   → ______________________________

2. この道(みち)をまっすぐ行(い)く / スーパーがある

   → ______________________________

3. 冬(ふゆ)が来(く)る / 寒(さむ)くなる

   → ______________________________

2 다음을 보기와 같이 문장을 바꾸세요.

보기 食(た)べて少(すこ)し休(やす)む / 疲(つか)れが取(と)れる

→ 食(た)べて少(すこ)し休(やす)んだら、疲(つか)れが取(と)れるでしょう。

1. 午後(ごご)になる / 晴(は)れる

   → ______________________________

2. 彼(かれ)の電話番号(でんわばんごう)はキムさんに聞(き)く / わかる

   → ______________________________

3. ダイエットする / やせる

   → ______________________________

3 다음을 보기와 같이 문장을 바꾸세요.

보기 ケーキを食(た)べる。

→ ケーキが食(た)べられる。

→ ケーキが食(た)べれる。

1 漢字(かんじ)を書(か)く。

→ ______

2 朝(あさ)、早(はや)く起(お)きる。

→ ______

→ ______

3 テニスをする。

→ ______

4 다음 문장을 일본어로 작문하세요.

1 식사를 안 하면 기운이 없어져서 아무것도 할 수 없어요.

→ ______

2 어디서 치즈 케이크를 먹을 수 있는지 알아요?

→ ______

3 그대로 곧장 가면 커다란 백화점이 있습니다.

→ ______

어휘 漢字(かんじ) 한자 | 朝(あさ) 아침 | 起(お)きる 일어나다

Listening

Track 30

1 다음 대화를 듣고 가능한 것을 a와 b 중에서 고르세요.

1 a.  b.  (　　　)

2 a.  b.  (　　　)

3 a.  b.  (　　　)

2 다음 대화를 듣고 자연스러운 내용이 되도록 a와 b 중에서 고르세요.

1 a. 試合(しあい)はします　　b. 試合(しあい)はしません　　(　　　)

2 a. 間(ま)に合(あ)います　　b. 間(ま)に合(あ)いません　　(　　　)

어휘 自転車(じてんしゃ) 자전거 | 辛(から)い 맵다 | ケイタイ 휴대전화 | やはり 역시

Kanji

♣ 한자를 익히면서 써 보세요.

しょくご 食後 먹을 식 + 뒤 후	식후	食後	食後	食後
しんごう 信号 기호 신 + 부호 호	신호	信号	信号	信号
ぎんこう 銀行 화폐 은 + 행할 행	은행	銀行	銀行	銀行
こうさてん 交差点 교차할 교 + 어긋날 차 + 점 점	교차점	交差点	交差点	交差点
だれ 誰 누구 수	누구	誰	誰	誰

Q&A

가정 조건인 「～たら」와 「～と」의 차이

일본어의 가정 조건에는 「～たら」와 「～と」가 있잖아요. 이 두 표현은 어떻게 다르죠?

우선 「～たら」는요, 말하는 사람의 「확신 없음」과 「판단 포기」를 나타내는 데에 반해, 「～と」는 말하는 사람의 「확신」을 나타내는 점에서 조금 달라요.

그럼, 「～たら」나 「～と」를 양쪽 다 사용할 수 있는 문장에서는 어떤 차이가 있나요?

네, 양쪽 다 사용할 수 있는 문장에서는 「～たら」는 의외성을 나타내고, 말하는 사람이 체험한 그대로를 리얼하게 말하는 것이 됩니다. 이에 비해 「～と」는 당연성을 나타내고, 자신의 경험을 객관적으로 되돌아 본다는 것에 차이가 있어요.

그러고 보니 「～たら」는 명령이나 의뢰문, 의문문, 평서문, 희망이나 의지를 나타내는 감정 표출문 등에 두루 쓰이는 반면에 「～と」는 평서문과 의뢰문과 의문문에서밖에 쓰지 못한다는 제약도 있네요.

제11과

バス、来ないようですね

버스, 안 오는 것 같네요.

ようだ／みたいだ／そうだ

▶ Learning Point

이번 과에서는 일본어의 추측 표현인 「ようだ」「みたいだ」「そうだ」에 대해 그 특징을 알아보고 어떤 때에 사용하는지 배워 봅니다.

Dialogue 1

Track 31

［バス停で］

イ　雨が降ってきそうですね。傘を持ってきましたか。

山田　いえ、天気予報で雨だとは言ってませんでしたから。ほら、あそこの雲、まるで大きな黒い山みたいですよ。

イ　ええ。バス、早く来るといいんですが。ところで、お母さんのご病気、いかがですか。ずいぶんひどい風邪だそうですが。

山田　ええ、おかげさまで、すっかりよくなりました。今夜は、スープのような料理をしてくれています。

イ　わあ、おいしそうですね。あ、雨です。バス、来ないようですね。タクシーに乗りましょうか。

낱말과 표현

雲(くも) 구름
まるで 마치
黒(くろ)い 검다
山(やま) 산
病気(びょうき) 병
スープ 수프, 국물

Conversation practice 1

♣ 다음 밑줄 친 부분을 바꾸어 회화를 연습해 보세요.

1

A：ほら、あそこの①雲（くも）、まるで②大（おお）きな黒（くろ）い山（やま）みたいですよ。
B：ええ。③バス、早（はや）く来（く）るといいんですが。

1　① パン　② 大（おお）きなケーキ　③ 甘（あま）くない
2　① きれいな絵（え）　② 写真（しゃしん）　③ 本当（ほんとう）描（か）いたものだ
3　① 空（そら）　② 夜（よる）になっている　③ 雨（あめ）が降（ふ）らない

2

A：①ご病気（びょうき）、いかがですか。
B：ええ、おかげさまで、②すっかりよくなりました。

1　① 日本語（にほんご）のお勉強（べんきょう）　② 上手（じょうず）になりそうです
2　① お仕事（しごと）　② うまく行（い）きそうです
3　① お風邪（かぜ）
　② ゆっくり休（やす）みましたから、よくなりそうです

어휘　パン 빵 | 甘(あま)い 달다 | 空(そら) 하늘 | 上手(じょうず)だ 잘 하다

Dialogue 2

Track 32

［昼休みの公園で］

アン	ちょっと見てください。子どもの写真です。
鈴木	ずいぶん大きくなったようですね。この写真、今にも歩きだしそうです。生まれたの、今年でしたか。
アン	いえ、去年です。来週で満１歳になります。
鈴木	もう、そんなになりますか。まるで昨日のことのような気がします。じゃ、もうすぐ歩けるようになるんですね。
アン	ええ。それで、満１歳のパーティーがあります。ぜひ来てください。みんなにも来るように伝えてくださいますか。
鈴木	わかりました。みんなと一緒に、遅れないように行きます。

낱말과 표현

写真(しゃしん) 사진
大(おお)きい 크다
歩(ある)きだす 걷기 시작하다
生(う)まれる 태어나다
今年(ことし) 올해
去年(きょねん) 작년
満１歳(まんいっさい) 만 1세
気(き)がする 기분이 들다
ぜひ 꼭
伝(つた)える 전하다

Conversation practice 2

♣ 다음 밑줄 친 부분을 바꾸어 회화를 연습해 보세요.

❶

A：ちょっと見(み)てください。①子(こ)どもの写真(しゃしん)です。
B：ずいぶん②大(おお)きくなったようですね。

1. ① 旅行(りょこう)の写真(しゃしん)　　② いろんなところに行(い)った
2. ① 昨日(きのう)買(か)ったもの　　② おもしろい本(ほん)の
3. ① 新(あたら)しい車(くるま)　　② 高(たか)そうな車(くるま)の

❷

A：みんなにも①来(く)るように②伝(つた)えてくださいませんか。
B：わかりました。

1. ① わかる　　② 説明(せつめい)する
2. ① 集(あつ)まる　　② 連絡(れんらく)する
3. ① 読(よ)む　　② 言(い)う

어휘 いろんな 여러 가지 | くるま(車) 차 | 集(あつ)まる 모이다

Key-point

01 ようだ와 みたいだ

조동사 「ようだ」에는 1)추량 2)비유 3)예시 4)희망 5)변화의 5가지 사용 방법이 있는데, 이 중에서 1)~3)이 「みたいだ」의 사용 방법과 같다.

☞ 「ようだ」의 접속 방법에 관해서는 다음 페이지의 「Grammar」를 참조.

☞ 「ようだ」와 「みたいだ」의 차이는 162p 「Q&A」, 「ようだ」의 4)희망 5)변화의 사용 방법은 224p 「부록」 각각 참조.

1) 추량

예 どうも雨が降っているよう / みたいです。

아무래도 비가 내리고 있는 듯합니다.

明日もいいお天気のよう / みたいですね。

내일도 날씨가 좋을 것 같군요.

2) 비유

예 その子はまるで、鳥のように / みたいに飛んでいきました。

그 애는 마치 새처럼 날아 갔습니다.

まるで花が咲いたような / みたいな美しさでした。

마치 꽃이 핀 듯한 아름다움이었습니다.

3) 예시

예 子どもは、例えばケーキのような / みたいな甘いものが好きです。

아이는 예를 들면 케이크와 같은 단 것을 좋아합니다.

イさんのように / みたいに、日本語が話せたらいいんだけど。

이○○ 씨처럼 일본어를 말할 수 있으면 좋을 텐데.

02 そうだ

조동사「そうだ」에는 다음의 두 가지의 사용 방법이 있다.

☞ 긍정문과의 접속에 대해서는 다음 페이지의「Grammar」를 참조.

＊ 문장에 접속하는「전문」의「そうだ」와 구별할 것.

1) 현재의 모습

예 みんな、うれしそうにパーティーを楽(たの)しんでいます。

모두 기쁜 듯이 파티를 즐기고 있습니다.

あの先生(せんせい)、何(なん)でも知(し)っていそうな感(かん)じでしょう？

저 선생님, 뭐든지 알고 있을 것 같은 느낌이죠?

2) 가까운 미래의 예측

예 こんなに食(た)べていたら、そのうち、どの服(ふく)も合(あ)わなくなりそうです。

이렇게 먹고 있으면 조만간 어느 옷도 안 맞게 될 것 같습니다.

今日(きょう)はいいことが起(お)こりそうな気(き)がします。

오늘은 좋은 일이 일어날 것 같은 기분이 듭니다.

참고 「전문」의「비공손체＋そうだ」

예 食堂(しょくどう)のほうが静(しず)かだそうです。

식당 쪽이 조용하다고 합니다.

明日(あした)は雨(あめ)が降(ふ)るそうです。

내일은 비가 온다고 합니다.

Grammar

1. ようだ와 みたいだ

1) 동사 / い형용사 : 「비공손체＋ようだ / みたいだ」

	泣(な)く(울다)	さむい(춥다)
현재 긍정	泣(な)く＋ようだ / みたいだ	さむい＋ようだ / みたいだ
과거 긍정	泣(な)いた＋ようだ / みたいだ	さむかった+ようだ / みたいだ
현재 부정	泣(な)かない＋ようだ / みたいだ	さむくない+ようだ / みたいだ
과거 부정	泣(な)かなかった＋ようだ / みたいだ	さむくなかった+ようだ / みたいだ

2) な형용사 : 「명사 수식형(な) / 비공손체＋ようだ」
「な형용사 어간 / 비공손체＋みたいだ」

	しずかだ(조용하다)
현재 긍정	しずかな＋ようだ / しずか＋みたいだ ＊양쪽의 접속이 다른 것에 주의할 것
과거 긍정	しずかだった＋ようだ / みたいだ
현재 부정	しずかではない＋ようだ / みたいだ
과거 부정	しずかではなかった＋ようだ / みたいだ

3) 명사 : 「명사＋の / 비공손체＋ようだ」「명사 / 비공손체＋みたいだ」

	雨(あめ)＋だ(비이다)
현재 긍정	雨(あめ)＋のようだ / 雨(あめ)＋みたいだ ＊양쪽의 접속이 다른 것에 주의할 것
과거 긍정	雨(あめ)だった＋ようだ / みたいだ
현재 부정	雨(あめ)ではない＋ようだ / みたいだ
과거 부정	雨(あめ)ではなかった＋ようだ / みたいだ

2. そうだ의 접속

☞ 부정 표현에 대해서는 225p 「부록」 참조

1) 동　　사 : ます형 + そうだ
い형용사 : い형용사 어간 + そうだ
な형용사 : な형용사 어간 + そうだ

예 泣(な)く 울다 → 泣(な)きそうだ 울 것 같다 [현재 긍정]
さむい 춥다 → さむそうだ 추울 것 같다 [현재 긍정]
しずかだ 조용하다 → しずかそうだ 조용할 것 같다 [현재 긍정]

2) 명사 : 접속하지 않음

3. そうだ의 접속 연습하기

기본형	품사	~そうだ
落(お)ちる(떨어지다)		
うるさい(시끄럽다)		
来(く)る(오다)		
いい(좋다)		
きれいだ(깨끗하다)		
降(ふ)る(내리다)		
にぎやかだ(번화하다)		

Review

1 다음을 보기와 같이 문장을 바꾸세요.

보기 雨(あめ)が降(ふ)ってくる。

→ 雨(あめ)が降(ふ)ってきそうです。

1 木(き)が倒(たお)れる。 → ______

2 赤(あか)ちゃんが泣(な)く。 → ______

3 コップが落(お)ちる。 → ______

2 다음을 보기와 같이 문장을 바꾸세요.

보기 あの料理(りょうり)はおいしい。

→ あの料理(りょうり)はおいしいみたいですね。

1 あの映画(えいが)はおもしろい。

→ ______

2 中国語(ちゅうごくご)は難(むずか)しい。

→ ______

3 今日(きょう)はいいお天気(てんき)。

→ ______

어휘 木(き) 나무 | 倒(たお)れる 쓰러지다 | コップ 컵

3 다음을 보기와 같이 문장을 바꾸세요.

보기 バスは来ない。

→ バスは来ないようです。

1 キムさんは、今忙しい。

→ ______________________________

2 彼は、今日学校に来ない。

→ ______________________________

3 山田さんは、勉強している。

→ ______________________________

4 다음 문장을 일본어로 작문하세요.

1 저 곳의 구름, 마치 커다란 검은 산과 같아요. (みたいだ)

→ ______________________________

2 와, 맛있을 것 같네요. (そうだ)

→ ______________________________

3 마치 어제 일과 같은 기분이 듭니다. (ようだ)

→ ______________________________

Listening

Track 33

1 다음 대화를 듣고 어떤 것에 대한 이야기인지 a~c 중에서 고르세요.

1

a. 

b. 

c. 

(　　　)

2

a. 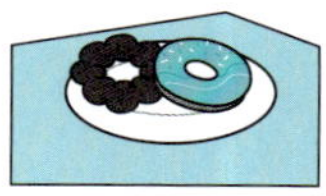

b. 

c. 

(　　　)

3

a. 

b. 

c. 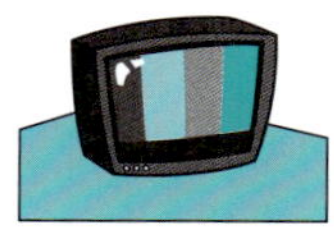

(　　　)

2 다음 내용을 듣고 무엇을 말하고 있는지 a~c 중에서 고르세요.

1

a. 

b. 

c. 

(　　　)

2

a. 

b. 

c. 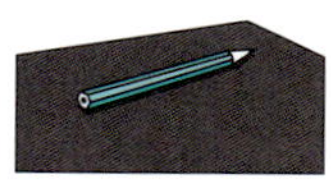

(　　　)

어휘 割(わ)れる 깨지다 | 置(お)く 두다 | 簡単(かんたん)だ 간단하다

Kanji

♣ 한자를 익히면서 써 보세요.

てん き 天気 하늘 천 + 기후 기 날씨	天気	天気	天気
びょう き 病気 병 병 + 기운 기 병	病気	病気	病気
しゃ しん 写真 베낄 사 + 참 진 사진	写真	写真	写真
きょ ねん 去年 과거 거 + 해 년 작년	去年	去年	去年
いっ しょ 一緒 동일할 일 + 마음 서 함께	一緒	一緒	一緒

Q&A

「ようだ」와 「みたいだ」의 차이

「추량」이나 「비유」, 「예시」에 쓰는 표현에는 「**ようだ**」와 「**みたいだ**」가 있잖아요? 이 둘의 구분이 어려워요.

둘의 차이라고 한다면 「추량」이나 「비유」, 「예시」의 「**ようだ**」는 격식을 차려야 하는 상황에서, 혹은 문장체에서 남녀 공용으로 사용할 수 있어요. 그에 비하면 「**みたいだ**」는 격식을 차리지 않는 자리에서나 여성들, 혹은 아이들의 회화체에서 주로 쓰입니다.

「변화」나 「희망」을 나타낼 때는요?

「변화」나 「희망」을 나타낼 때는 「**ようだ**」만 사용 가능합니다. 참고로 「추량」에서는 이 두 표현과 비슷한 「**そうだ**」가 있는데, 「**そうだ**」는 형용사나 동사의 「**~ている**」에 접속하면 「현재의 모습」을 나타내고, 동사의 비과거형에 접속하면 말하는 사람의 「가까운 미래의 예측」을 나타내게 됩니다.

네, 의미도 의미이지만 접속 방법이 복잡하니, 이번 기회에 잘 알아두겠습니다.

제12과
お気に召すのをお探しください

마음에 드시는 것을 찾으세요.

경어(1)

행위자 존경

お＋동사의 ます형＋になる

경어 불규칙 동사

～(ら)れる

▶ Learning Point

이번 과에서는 경어를 공부합니다. 일본어는 한국어와 달리 상대 경어 체계인데, 경어 불규칙 동사와 경어표현을 만드는 공식을 통해 행위자를 높이는 경어를 학습합니다.

Dialogue 1

Track 34

[美容院(びよういん)で]

店(みせ)の人(ひと)　あ、いらっしゃいませ。どうぞ、お入(はい)りください。こちらにお座(すわ)りになって、お待(ま)ちくださいますか。

イ　あの、時間(じかん)、かかりますか。

店の人　いえ、そんなには。もうすぐ、もう一人(ひとり)、戻(もど)ってきますし、こちらの方(かた)も、これを終(お)えられますと、パーマをなさいますから。お急(いそ)ぎでいらっしゃいますか。

イ　いえ、それなら、大丈夫(だいじょうぶ)です。

店の人　雑誌(ざっし)でもお読(よ)みになって、お待(ま)ちいただけますか。最新(さいしん)のヘアスタイルが載(の)っています。お気(き)に召(め)すのをお探(さが)しください。

낱말과 표현

いらっしゃる 오시다, 계시다	終(お)える 끝내다	最新(さいしん) 최신
こちら 이쪽	パーマ 파마	ヘアスタイル 헤어 스타일
座(すわ)る 앉다	なさる 하시다	載(の)る 싣다
一人(ひとり) 한 사람	～でいらっしゃる ～이시다	気(き)に召(め)す 마음에 드시다
戻(もど)る 돌아오다	雑誌(ざっし) 잡지	
方(かた) 분	いただく 받다	

Conversation practice 1

♣ 다음 밑줄 친 부분을 바꾸어 회화를 연습해 보세요.

1

A：どうぞ、①お入(はい)りください。
B：②あの、時間(じかん)、かかりますか。

1. ① お座(すわ)り ② はい、ありがとうございます
2. ① おあがり ② そうですか。じゃ、失礼(しつれい)します
3. ① お召(め)し上(あ)がり ② では遠慮(えんりょ)なく、いただきます

2

A：①お急(いそ)ぎでいらっしゃいますか。
B：いえ、大丈夫(だいじょうぶ)です。

1. ① ご不便(ふべん)
2. ① お困(こま)り
3. ① お疲(つか)れ

어휘 あがる 집에 들어가다 | 召(め)し上(あ)がる 드시다 | 遠慮(えんりょ)なく 사양 않고

Dialogue 2

Track 35

［電話］

鈴木 もしもし、鈴木です。キム課長、いらっしゃいますか。えっ？ 昨日から日本へご出張ですか。いつごろ、お帰りになるか、ご存知でしょうか。ちょっと急用があるものですから。

社員 来週の月曜日の予定ですが。

鈴木 来週の月曜日ですか。それは困りましたね、来週では間に合わなくなってしまいます。どちらのホテルなのでしょうか。どうしてもご連絡したいのですが。

社員 おそらく携帯電話を持っていると思います。

鈴木 そうですか。お電話番号をお教えくださいませんか。

낱말과 표현

もしもし 여보세요
いつ 언제
ご存知(ぞんじ)だ 아시다
急用(きゅうよう) 급한 일
月曜日(げつようび) 월요일
予定(よてい) 예정
ホテル 호텔
どうしても 무슨 일이 있어도
おそらく 아마
携帯(けいたい) 휴대

Conversation practice 2

♣ 다음 밑줄 친 부분을 바꾸어 회화를 연습해 보세요.

1

A：いつごろ、①<u>お帰り</u>になるか、ご存知でしょうか。
B：②<u>来週の月曜日</u>の予定ですが。

1　①　お戻り　　②　午後３時ごろ
2　①　お着き　　②　明日
3　①　お見え　　②　来週の日曜日

2

A：どちらのホテルなのでしょうか。どうしても①<u>ご連絡し</u>たいのですが。
B：おそらく携帯電話を持っていると思います。

1　①　お電話する
2　①　お聞きする
3　①　お知らせする

Key-point

01 경어

1) 행위자 존경 : 동작을 하는 사람에게 경의를 표한다.

예 お出(で)かけになりますか。 외출하십니까? (행위자＝듣는 사람)

社長(しゃちょう)がお帰(かえ)りになります。 사장님이 돌아오십니다. (행위자＝제3자)

2) 행위수여자 존경 : 동작을 받는 사람에게 경의를 표한다. ☞ 자세한 사항은 제13과를 참조

예 傘(かさ)を、お貸(か)ししましょうか。 우산을 빌려드릴까요?

(「貸(か)す」의 행위자＝말하는 사람 / 행위 「貸(か)す」의 수여자＝듣는 사람)

ここで社長(しゃちょう)をお待(ま)ちしています。 여기에서 사장님을 기다리고 있습니다.

(「待(ま)つ」의 행위자＝말하는 사람 / 행위 「待(ま)つ」의 수여자＝제3자인 사장님)

3) 청자 존경 : 듣는 사람에게 경의를 표한다.

「청자 존경」은 일본어의 문체 중의 하나인 「공손체」에 의해 표현된다.

예 どこへ行(い)きますか。 어디로 갑니까?

社長(しゃちょう)を待(ま)っているのですか。 사장님을 기다리고 있는 거에요?

다음의 표현은 「행위자 존경」 또는 「행위수여자 존경」이지만, 「청자 존경」은 아니다.

예 今日(きょう)、先生(せんせい)はいらっしゃるのか。 (행위자 존경)

오늘 선생님은 오시니?

社長(しゃちょう)に傘(かさ)をお貸(か)しするのか。 (행위수여자 존경)

사장님께 우산을 빌려드리는 거야?

02 「청자 존경」과 문체

듣는 사람에게 경의를 표하는 「청자 존경」과 이에 반영되는 일본어 문체는 다음과 같은 경우에 사용된다.

1) 말하는 사람의 품격 유지에 사용되는 「공손체」

예 (선생님이 학생에게) イです。今日(きょう)からみなさんと日本語(にほんご)の勉強(べんきょう)をします。

이○○입니다. 오늘부터 여러분과 일본어 공부를 하겠습니다.

(손님이 점원에게) あの、すみません。これはいくらですか。

저, 실례합니다. 이건 얼마에요?

2) 듣는 사람에 대한 경의를 표하기 위해 사용되는 경어

예 これから、お買(か)い物(もの)ですか。 이제부터 쇼핑하러 가요?

午後(ごご)の会議(かいぎ)に出席(しゅっせき)しますか。 오후 회의에 출석합니까?

3) 서비스업계 사람이 고객에게 사용하는 한 단계 더 높은 「초공손체」

예 それでしたら、こちらにございます。 그것이라면요, 이쪽에 있습니다.

わかりました。すぐに参(まい)ります。 알겠습니다. 곧 가겠습니다.

☞ 「초공손체」에 대해서는 229p 「부록」 참조.

03 인칭별 경어의 사용방법

	행위자 존경	행위수여자 존경	청자 존경(문체)
1인칭 〈나〉	×	×	○
2인칭 〈당신〉	○	○	○
3인칭 〈그/그녀〉	○	○	×

Grammar

1. 주로 쓰이는 「행위자 존경」의 만드는 방법

1) お + 동사의 ます형 + になる

예 書(か)く・急(いそ)ぐ・話(はな)す・待(ま)つ・持(も)つ・読(よ)む・休(やす)む・歌(うた)う・起(お)きる・開(あ)ける 등

書(か)く 쓰다 → お書(か)きになる 쓰시다

2) 동작 동사의 ない형+(ら)れる

동작 동사의 경우 2)의 방법보다 1)의 방법 쪽이 행위자에 대한 말하는 사람의 경의를 표하는 정도가 더 높다.

예 話(はな)す 이야기하다 → 話(はな)される 이야기하시다

3) ご+동작 명사+になる

예 出席(しゅっせき)・利用(りよう)・出発(しゅっぱつ)・研究(けんきゅう) 등

出席(しゅっせき) 출석 → ご出席(しゅっせき)になる 출석하시다

4) お / ご+동작 명사+なさる

예 お話(はなし)・お電話(でんわ)・お食事(しょくじ)・お返事(へんじ)・ご返事(へんじ)・ご出席(しゅっせき)・ご案内(あんない)・ご連絡(れんらく) 등

お話(はなし)なさる 말씀하시다　　お電話(でんわ)なさる 전화하시다

5) 동작 명사+なさる / される

예 電話(でんわ)・食事(しょくじ)・返事(へんじ)・出席(しゅっせき)・案内(あんない)・連絡(れんらく)・相談(そうだん) 등

食事(しょくじ)なさる 식사하시다　　案内(あんない)される 안내하시다

동작 명사의 경우 5)보다도 4)의 쪽이, 4)보다도 3)의 쪽이 행위자에 대한 말하는 사람의 경의를 표하는 정도가 더 높다. ☞「행위자 존경 불규칙 동사」는 226p「부록」 참조.

2.「お+동사의 ます형+になる」의 경어 바꾸기

♣ 다음 표를 완성해 보세요.

기본형	동사 분류	행위자 존경 (お+동사의 ます형+になる)
会う(만나다)		
書く(쓰다)		
使う(사용하다)		
読む(읽다)		
急ぐ(서두르다)		
話す(이야기하다)		
起きる(일어나다)		
歌う(노래하다)		
待つ(기다리다)		
持つ(가지다)		
帰る(돌아가다)		
入れる(넣다)		
考える(생각하다)		

Review

1 다음을 보기와 같이 문장을 바꾸세요.

> 보기 入(はい)る
> → どうぞ、お入(はい)りください。

1. 召(め)し上(あ)がる
   → どうぞ、＿＿＿＿＿＿＿＿＿＿
2. 楽(たの)しむ
   → どうぞ、＿＿＿＿＿＿＿＿＿＿
3. 使(つか)う
   → どうぞ、＿＿＿＿＿＿＿＿＿＿

2 다음을 보기와 같이 문장을 바꾸세요.

> 보기 いつ帰(かえ)るか、知(し)っていますか。
> → いつ帰(かえ)るか、ご存知(ぞんじ)ですか。

1. キムさんは、いつ来(き)ますか。
   → キムさんは、いつ＿＿＿＿＿＿＿＿＿＿
2. パーマをしますか。
   → パーマを＿＿＿＿＿＿＿＿＿＿
3. これは、気(き)に入(い)りますか。
   → これは、＿＿＿＿＿＿＿＿＿＿

3 다음을 보기와 같이 문장을 바꾸세요.

보기 いつごろ、帰(かえ)りますか。
→ いつごろ、お帰(かえ)りになりますか。

1 雑誌(ざっし)でも読(よ)みますか。

→ 雑誌(ざっし)でも ______

2 いつごろ出(で)かけますか。

→ いつごろ ______

3 ここで待(ま)ちますか。

→ ここで ______

4 다음 문장을 일본어로 작문하세요.

1 이쪽에 앉으셔서 기다려주시겠습니까? (お～くださる)

→ ______

2 김과장님 계십니까?

→ ______

3 언제쯤 돌아오시는지 아시는지요? (お～になる)

→ ______

Listening

Track 36

1 다음 대화를 듣고 해당하는 것을 a와 b 중에서 고르세요.

1

a.

b.

(　　　　)

2

a.

b.

(　　　　)

3

a.

b.

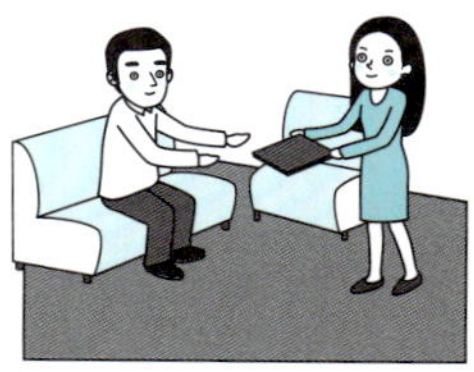

(　　　　)

2 다음 대화를 듣고 자연스러운 내용이 되도록 a와 b 중에서 고르세요.

1 a. 来(き)ました　　b. 行(い)きました　　(　　　　)

2 a. 行(い)ってきます　　b. いただきます　　(　　　　)

Kanji

♣ 한자를 익히면서 써 보세요.

한자			
ざっし 雑誌 여러가지 **잡** + 기록 **지** 잡지	雑誌	雑誌	雑誌
さいしん 最新 가장 **최** + 새로울 **신** 최신	最新	最新	最新
れんらく 連絡 잇닿을 **연** + 이을 **락** 연락	連絡	連絡	連絡
けいたい 携帯 가지다 **휴** + 데리고 다닐 **대** 휴대	携帯	携帯	携帯
でんわ 電話 전화 **전** + 말씀 **화** 전화	電話	電話	電話

Q&A

「행위자 존경」에 사용하는 말

일본어는 경어가 매우 발달되어 있다고 들었는데요, 「행위자 존경」이라는 말이 무엇이죠?

「행위자 존경」이란 행위의 주체를 높이는 말인데요, 말하는 사람이 행위의 주체를 향해 「경의」를 표한다고 할 수 있죠. 사람과 관련한 동사라면 모두 「행위자 존경」을 만들 수 있습니다.

그럼, 「행위자 존경」은 어떻게 만들어 사용하는 거에요?

우선, 「경어 불규칙동사」를 익히고, 「경어 불규칙 동사」에 없는 경어 표현은 경어 공식에 넣어 만들면 됩니다. 경어를 잘못 사용하면 실례가 될 수 있으므로 자신이 없는 경우는 그냥 공손하게 말하는 것이 낫겠지요. 단, 「**頭がはげる**(머리가 벗겨지다)」 등과 같이 남의 결점을 말하거나 경멸하는 말을 경어로 사용해서는 안 됩니다.

네, 경어라는 것은 상대와 상황에 맞게 사용해야 하는 것이군요. 잘 알겠습니다.

제13과

ちょっとご相談したいことがあります

좀 상담드릴 일이 있습니다.

경어(2)

행위수여자 존경

お－동사의 ます형＋する

상대경어

▶ Learning Point

이번 과는 지난 과에 이어 행위를 받는 사람에 대한 경어를 배웁니다. 아울러 일본어 문체에 있어서 정중도가 가장 높은 「초공손체」에 대해서도 알아봅니다.

Dialogue 1

Track 37

［会議室の前で］

山田　あ、イさん、ここにいたんですか。探してたんですよ。こんなところで何をしてるんですか。

イ　林先生をお待ちしてるんです。会議が終わるまで、ここで待ってるように言われたものですから。

山田　何か大切なことでも？

イ　ええ、卒業論文のことで、ちょっとご相談したいことがあって。

山田　そうですか。困ったな。

イ　どうかしたんですか。

山田　井上先生がお待ちなんです。

낱말과 표현

大切(たいせつ)だ 중요하다

相談(そうだん) 상담

卒業論文(そつぎょうろんぶん) 졸업논문

Conversation practice 1

♣ 다음 밑줄 친 부분을 바꾸어 회화를 연습해 보세요.

1

A：あ、①イさん、ここにいたんですか。こんなところで何(なに)をしてるんですか。

B：林先生(はやしせんせい)を②お待(ま)ちしてるんです。

1. ① 山田(やまだ)　② お送(おく)り
2. ① キム　② お呼(よ)び
3. ① 鈴木(すずき)　② お迎(むか)え

2

A：何(なに)か大切(たいせつ)なことでも？

B：ええ、①卒業論文(そつぎょうろんぶん)のことで、ちょっと②ご相談(そうだん)したいことがあって。

1. ① 試験(しけん)　② お伺(うかが)いする
2. ① 仕事(しごと)　② お願(ねが)いする
3. ① お正月(しょうがつ)　② お礼(れい)を申(もう)し上(あ)げる

어휘 迎(むか)える 맞이하다 | 伺(うかが)う 여쭙다 | お願(ねが)いする 부탁드리다 | 正月(しょうがつ) 설날 | お礼(れい)を申(もう)し上(あ)げる 감사 인사를 올리다

Dialogue 2

Track 38

［部長室(ぶちょうしつ)で］

部長(ぶちょう)　わかったね。これにサインをいただくんだよ。

アン　この鉛筆(えんぴつ)のところですね？

部長　うん、たくさんあるから、間違(まちが)えないようにね。

アン　はい、わかりました。あの、こちらからお伺(うかが)いすると、部長(ぶちょう)からお電話(でんわ)しておいてくださいますか。

部長　うん、そうしよう。向(む)こうに着(つ)いたら、まず受付(うけつけ)を訪(たず)ねてね。社長室(しゃちょうしつ)を教(おし)えてくれるから。よろしく頼(たの)むよ。

アン　はい、承知致(しょうちいた)しました。では、行(い)って参(まい)ります。

部長　社長(しゃちょう)にお会(あ)いしたら、よろしくお伝(つた)えしてくれ。

낱말과 표현

サイン 사인
鉛筆(えんぴつ) 연필
間違(まちが)える 틀리게 하다, 잘못하다
～ておく ～해 두다
受付(うけつけ) 접수
訪(たず)ねる 방문하다
承知(しょうち) 알고 있음
致(いた)す 하다
参(まい)る 오다, 가다

Conversation practice 2

♣ 다음 밑줄 친 부분을 바꾸어 회화를 연습해 보세요.

1

A：あの、こちらから①お伺(うかが)いすると、部長(ぶちょう)から②お電話(でんわ)しておいてくださいますか。

B：うん、そうしよう。

1 ① お訪(たず)ね ② お話(はな)し

2 ① お送(おく)り ② ご連絡(れんらく)

3 ① お届(とど)け ② お知(し)らせ

2

A：向(む)こうに着(つ)いたら、まず①受付(うけつけ)を訪(たず)ねてね。

B：はい、②承知(しょうち)いたしました。

1 ① 社長(しゃちょう)に電話(でんわ)する ② わかりました

2 ① 少(すこ)し休(やす)む ② ありがとうございます

3 ① 誰(だれ)かに聞(き)いてみる ② かしこまりました

어휘 届(とど)ける 보내다 | かしこまりました 분부대로 하겠습니다

Key-point

01 「행위수여자 존경」

「행위수여자 존경」은 동작을 받는 사람에게 경의를 표하는 경어로 다음과 같은 사용 방법이 있다.

예 お荷物は明日、お届けします。

짐은 내일 보내드리겠습니다.

말하는 사람의 동작 「荷物を届ける(짐을 보내다)」를 듣는 사람이 받기 때문에 말하는 사람은 직접 듣는 사람에게 경의를 표하고 있다.

예 先生、イさんがあちらでお待ちしています。

선생님, 이○○ 씨가 저쪽에서 기다리고 있습니다.

제3자의 동작인 「待つ(기다리다)」를 듣는 사람인 「先生(선생님)」가 받기 때문에 말하는 사람은 간접적으로 듣는 사람에게 경의를 표하고 있다. 이 경우 말하는 사람은 제3자인 「イさん(이○○ 씨)」의 동작을 이용해서 듣는 사람인 「先生(선생님)」에게 경의를 표하는 것이 된다.

예 課長、来週の会議のことを社長にお尋ねするのですか。

과장님, 다음 주 회의에 관한 것을 사장님께 여쭙는 겁니까?

듣는 사람의 동작인 「尋ねる(묻다)」를 제3자인 「社長(사장님)」가 받기 때문에 말하는 사람은 간접적으로 제3자에게 경의를 표하고 있다. 이 경우 말하는 사람은 듣는 사람인 「課長(과장님)」의 동작을 이용하여 제3자인 「社長(사장님)」에게 경의를 표하는 것이 된다.

예 社長、鈴木さんが部長にお会いするそうです。

사장님, 스즈키 씨가 부장님을 만나 뵌다고 합니다.

제3자 「鈴木(스즈키)」의 동작인 「会う(만나다)」를 또다른 제3자인 「部長(부장님)」가 받기 때문에 말하는 사람은 간접적으로 제3자 「部長(부장님)」에게 경의를 표하고 있다. 이 경우 말하는 사람은 제3자「鈴木(スズキ)」의 동작을 이용하여 또다른 제3자인「部長(부장님)」에게 경의를 표하는 것이 된다.

02「행위수여자 존경」에 사용되는 동사의 제한

대부분의 동작 동사가「행위수여자 존경」에 사용되지만, 다음과 같이 동작을 받는 사람이 존재하지 않는 동사는「행위수여자 존경」에 사용할 수 없다.

예 起きる・寝る・食べる・飲む・死ぬ・勉強する・図書館へ行く・家に帰る・風呂に入る・テレビを見る・ひとりで本を読む・日記を書く・空港に着く 등

또, 동작을 받는 사람이 있는 동사이더라도 받는 사람이게 이익이 되지 않는 동작을 나타내는 동사도「행위수여자 존경」으로 사용할 수 없다.

예 先生に手紙を書く。 선생님에게 편지를 쓰다.

クラスで教科書を読む。 반에서(수업 중) 교과서를 읽다.

社長とご飯を食べる。 사장님과 밥을 먹다.

☞ 더 자세한 사항은 228p「부록」참조

Grammar

1. 주로 쓰이는 「행위수여자 존경」의 만드는 방법

1) お+동사의 ます형+する

예 ここで社長をお待ちします。여기에서 사장님을 기다리겠습니다.

車で空港までお送りします。차로 공항까지 바래다 드리겠습니다.

ご両親にお会いして、お話しすることにします。

부모님을 만나 뵙고, 말씀 드리기로 하겠습니다.

簡単な韓国語でしたら、お教えできます。

간단한 한국어라면요, 가르쳐 드릴 수 있습니다.

2) ご+동작 명사+する

예 先生にご相談します。선생님께 상담 드리겠습니다.

ソウルの街をご案内しましょうか。서울 거리를 안내해 드릴까요?

3) お / ご+동사의 ます형 / 동작 명사+申し上げる

예 試験の結果をお知らせ申し上げます。시험 결과를 알려드리겠습니다.

３階まで、ご案内申し上げます。3층까지 안내해 드리겠습니다.

경의를 표하는 정도는 3)이 가장 높으며, 주로 리셉션 등의 격식 차린 장소에서나 고급 백화점, 레스토랑 등의 서비스업의 사람이 사용한다.

☞ 「행위수여자 존경」의 「경어 불규칙동사」는 226p 「부록」 참조.

2.「お+동사의 ます형+する」의 경어 바꾸기

♣ **다음 표를 완성해 보세요.**

기본형	동사 분류	행위수여자 존경 (お+동사의 ます형+する)
会(あ)う (만나다)		
訪(たず)ねる (방문하다)		
入(い)れる (넣다)		
知(し)られる (알리다)		
＊誘(さそ)う (권유하다)		
＊見(み)送(おく)る (배웅하다)		
尋(たず)ねる (묻다)		
待(ま)つ (기다리다)		
呼(よ)ぶ (부르다)		
持(も)つ (가지다)		
＊招(まね)く (초대하다)		
入(い)れる (넣다)		
＊迎(むか)える (마중하다)		

주 「＊」는 JLPT N3 이상의 어휘

Review

1 다음을 보기와 같이 문장을 바꾸세요.

보기 先生(せんせい)を待(ま)っています。

→ 先生(せんせい)をお待(ま)ちしています。

1. これを社長(しゃちょう)に渡(わた)します。

   → これを社長(しゃちょう)に＿＿＿＿＿＿＿＿＿＿

2. お宅(たく)まで送(おく)ります。

   → お宅(たく)まで＿＿＿＿＿＿＿＿＿＿

3. 先生(せんせい)に会(あ)います。

   → 先生(せんせい)に＿＿＿＿＿＿＿＿＿＿

2 다음을 보기와 같이 문장을 바꾸세요.

보기 これにサインをもらいます。

→ これにサインをいただきます。

1. こちらから訪(たず)ねます。

   → こちらから＿＿＿＿＿＿＿＿＿＿

2. では、行(い)って来(き)ます。

   → では、行(い)って＿＿＿＿＿＿＿＿＿＿

3. 先生(せんせい)の本(ほん)は見(み)ました。

   → 先生(せんせい)の本(ほん)は＿＿＿＿＿＿＿＿＿＿

3 다음을 보기와 같이 문장을 바꾸세요.

보기 部長(ぶちょう)からお電話(でんわ)しておく。
→ 部長(ぶちょう)からお電話(でんわ)しておいてくださいませんか。

1 彼(かれ)の電話番号(でんわばんごう)を教(おし)える。
→ 彼(かれ)の電話番号(でんわばんごう)を ______________________

2 ここでお待(ま)ちになる。
→ ここでお待(ま)ちに ______________________

3 この本(ほん)、貸(か)す。
→ この本(ほん)、 ______________________

4 다음 문장을 일본어로 작문하세요.

1 졸업논문에 관한 일로 좀 상담 드리고 싶은 것이 있어서.
→ ______________________

2 그럼, 다녀오겠습니다. (参(まい)る)
→ ______________________

3 사장님을 뵈면 안부 전해드려 주게.
→ ______________________

어휘 渡(わた)す 전하다

Listening

Track 39

1 다음 대화를 듣고 자연스러운 쪽을 a와 b 중에서 고르세요.

1 (　　　　)

2 (　　　　)

3 (　　　　)

2 다음 대화를 듣고 그 대화를 나누는 장소를 a와 b 중에서 고르세요.

1

a.

b.

(　　　　)

2

a.

b.

(　　　　)

어휘 ジュース 주스 | 到着(とうちゃく) 도착 | 次(つぎ) 다음 | 出口(でぐち) 출구 | 左側(ひだりがわ) 왼편 | 忘(わす)れ物(もの) 잊은 물건

Kanji

♣ 한자를 익히면서 써 보세요.

한자			
たい せつ **大切** 중히 여길 **대** + 중요할 **절** 중요함	大切	大切	大切
そつ ぎょう **卒業** 마칠 **졸** + 학업 **업** 졸업	卒業	卒業	卒業
そう だん **相談** 서로 **상** + 이야기할 **담** 상담	相談	相談	相談
えん ぴつ **鉛筆** 흑연 **연** + 필기구 **필** 연필	鉛筆	鉛筆	鉛筆
しょう ち **承知** 받아들일 **승** + 알 **지** 알고 있음	承知	承知	承知

Q&A

「행위수여자 존경」에 대해

「행위수여자 존경」이라는 것은 무엇인가요?

「행위수여자 존경」이란 보통 「겸양어」라고 불리는 것인데요, 자신이 하는 행위나 동작이 다른 사람에게 어떤 영향을 미칠 때 그 행위나 동작을 받는 사람에게 경의를 표하는 것을 말합니다.

그렇다면 「帰る(돌아가다)」나 「起きる(일어나다)」와 같이 자신이 하는 행위나 동작이 다른 사람에게 영향을 미치거나 하지 않는 것은 경어 표현을 사용할 수 없는 건가요?

네, 그렇습니다. 단, 「私は明日、東京に行きます(저는 내일 도쿄에 갑니다)」에서의 「行きます」를 「参ります」로 바꾸어 쓰게 되면 「행위수여자 존경」이 아니라 듣는 사람에게 경의를 표하는 「청자 존경」이 됩니다.

지금까지 모두 「겸양어」라고 알고 있던 것인데, 구분해서 사용해야겠네요.

부록

Dialogue 해석

Review 정답

Listening 스크립트 및 정답

각 과의 보충 설명

색인

부록 | Dialogue 해석

제1과

Dialogue 1 〔슈퍼에서〕

이혜미 : 저, 실례합니다. 세제를 사고 싶은데요, 어디에 있어요?

가게 사람 : 주방용인가요, 세탁용인가요?

이혜미 : 주방용이요.

가게 사람 : 그럼, 저쪽 3번인 곳에서 찾아 보세요.

이혜미 : 그리고 설탕이 필요한데요.

가게 사람 : 조미료 파는 곳이네요. 여기에서 곧장 가서 2번째인 곳을 오른쪽으로 도세요. 그 근방에 조미료가 진열되어 있습니다.

Dialogue 2 〔스케줄〕

안주호 : 이번 휴일 어떻게 할 거에요?

스즈키 : 우선 고향에 돌아가서 부모님을 만나고, 그리고 나서 아이를 데리고 디즈니랜드로 놀러 가고, 마지막 하루는 푹 쉴 거에요.

안주호 : 그거 좋겠네요.

스즈키 : 안(주호) 씨는 서울에 돌아가요?

안주호 : 아뇨, 안 돌아가요. 도쿄에 있을 거에요.

스즈키 : 도쿄에서 뭐 할 거에요?

안주호 : 여행할 거에요. 일본어 공부도 되니까요.

제2과

Dialogue 1 〔쉬는 시간〕

야마다 : 이(혜미) 씨, 무슨 일이에요? 안색이 나빠요.

이혜미 : 네, 좀 기분이 안 좋아요. 목이 아파서 목소리가 이상하죠?

야마다 : 그거 안 되겠네요. 선생님께 말하고 일찍 돌아갈래요?

이혜미 : 괜찮아요. 감기니까요.

야마다 : 봐요, 이렇게 열이 있잖아요. 기침은(요)?

이혜미 : 없어요. 정말 괜찮아요.

야마다 : 안 돼요. 무리하지 마세요. 병원에 가야겠네요.

Dialogue 2 〔병원에서〕

의사 : 어떻게 오셨습니까?

안주호 : 열이 좀 있어요.

의사 : 입을 벌리고, 아~. 목은 아픕니까?

안주호 : 아니요, 아프지 않아요. 근데 좀, 머리가 아파요.

의사 : 감기네요. 약을 처방할 테니까 식사 후에 드세요. 저녁밥은 우동이나 죽이고요. 오늘밤은 목욕하지 말고 일찍 자야 합니다.

안주호 : 네, 알겠습니다.

의사 : 몸조리 잘하세요.

제3과

Dialogue 1 〔취미〕

야마다 : 뭘 읽고 있는 거에요? 일본어 교재에요? 일본어 공부는 재미있어요?
이혜미 : 어려워서 그렇게 재미있지 않아요. 하지만 일본에 있으니까, 공부해야 해요.
야마다 : 그건 그렇죠. 이(혜미) 씨의 취미는 뭐에요?
이혜미 : 음악을 듣는 것과 소설을 읽는 것이에요.
야마다 : 어떤 음악을 들어요?
이혜미 : 일본 노래랑 재즈인데요, 자기 전에는 한국 노래를 듣는 것을 좋아해요.

Dialogue 2 〔출장〕

안주호 : 다음 주에 한국으로 출장가게 되었어요.
스즈키 : 어디요?
안주호 : 서울과 부산이요.
스즈키 : 그럼, 오랜만에 가족 분이랑 친구들을 만날 수 있겠군요.
안주호 : 글쎄, 잘 모르겠어요. 부장님과 함께이기도 하고요.
스즈키 : 그렇군요. 출장 중에는 바쁠 테니까요.
안주호 : 네, 시간을 봐서 정하겠습니다. 무리한 경우에는 가족한테 전화해 볼게요.
스즈키 : 부장님과 함께 가는 것은 좀 피곤할지도 모르겠네요.
안주호 : 아뇨, 괜찮아요.

제4과

Dialogue 1 〔버스 안에서〕

야마다 : 감기 좋아졌군요.
이혜미 : 네, 덕분에요. 완전히 나았어요. 지금부터 어디로 (갈 거에요)?
야마다 : 하숙집에 돌아갈 거에요. 이(혜미) 씨는(요)?
이혜미 : 오랜만에 나가요. 외출을 꽤 안 했으니까요. 친구와 만나서 영화 보러 갈 거에요.
야마다 : 역 앞의 새로운 백화점, 간 적이 있어요?
이혜미 : 아뇨, 아직인데요. 어떤 백화점이에요?
야마다 : 패션과 맛집으로 유명한 곳이에요.
이혜미 : 그래요? 영화를 본 후에 가 볼게요.

Dialogue 2 〔커피 타임〕

스즈키 : 일본요리를 먹은 적이 있어요?
안주호 : 네, 요전의 여행에서 (일본 전통)여관에 묵었던 때에(요).
스즈키 : 어떤 요리가 나왔어요?
안주호 : 초밥과 튀김, 그것하고 돈가스요. 한국에서도 먹을 수 있어요.
스즈키 : 그래요? 맛은 어때요?
안주호 : 대개 같죠. 모두 맛있어요. 스즈키 씨는 한국으로 여행한 적이 있어요?
스즈키 : 아뇨, 없어요. 서울이나 부산으로 가보고 싶네요.

제5과

Dialogue 1 〔파티에서〕

이혜미 : 저쪽에 있는 사람, 누구에요? 머리가 길고 안경 끼고 있는 여자요.

야마다 : 이번에 새로 온 선생님이에요. 유학생에게 일본어를 가르치게 되어 있어요.

이혜미 : 그래요? 그럼, 그 선생님과 얘기를 하고 있는 사람은 누구에요?

야마다 : 글쎄, 모르는 사람이네요. 본 적도 없는 사람이에요.

이혜미 : 여기에 야마다 씨가 모르는 사람도 있어요?

야마다 : 물론, 많이 있어요. 지금까지 몰랐던 사람과 친구가 되는 것이 파티의 좋은 점이겠죠?

Dialogue 2 〔우체국에서〕

안주호 : 실례합니다. 이거 항공편으로 한국에 보내고 싶은데요, 며칠 정도 걸려요?

직원 : 글쎄요, 5일 정도네요. 잠깐 기다리세요. 이거, 가벼운 거네요. 별로 무겁지 않은 경우에는 EMS로 하는 편이 저렴하고 빨라요. 3일만에 도착하죠.

안주호 : 그래요? 그럼, 그것으로 해 주세요.

직원 : 알겠습니다. 여기에 필요한 것을 써 주세요. 그밖에 보낼 것은 없습니까?

안주호 : 아, 이 편지도 부탁합니다.

제6과

Dialogue 1 〔커피숍에서〕

야마다 : 이(혜미) 씨는 일본에 와서 머지 않아 1년이네요. 요 1년 일본에서 생활해 보고 어떠세요?

이혜미 : 글쎄요. 나무도 많고, 거리의 시스템이랑 교통이 편리해서 생활하기 편하다고 생각해요. 다만, 쇼핑도 편리한데요, 채소나 과일 등 먹을 것이 비싸다고 생각해요.

야마다 : 그렇죠. 생활에 필요한 것이 비싸죠.

이혜미 : 네, 방세 등도(요). 지금 살고 있는 곳이 시끄러워서 공부가 안 되니까요, 조용하고 방세가 싼 곳으로 옮기고 싶은데요, 매우 비싸네요.

Dialogue 2 〔레스토랑에서〕

스즈키 : 맥주 한 병 더 시키려고 하는데요, 어떠세요?

안주호 : 네, 그럽시다. 그런데, 이번에 누가 과장이 될 거라고 생각해요?

스즈키 : 글쎄, 잘 모르겠습니다만, 모두 나카무라 씨가 아닐까 하고 생각하고 있어요. 어떻게 생각해요?

안주호 : 글쎄요. 다만, 국제과 과장이니까요, 일본인이 아닐지도 몰라요. 왕 씨가 아닐까 하고 생각하는데요.

스즈키 : 들은 바로는 부장님도 왕 씨를 생각하고 있다고 해요. 왕 씨가 되었으면 하네요. 좋은 사람이니까요.

제7과

Dialogue 1 〔교실에서〕

이혜미 : 저, 이 일본어 이런 식으로 해도 될까요?

선생님 : 어디요? 「お会いできなくて残念です(만나 뵐 수 없어서 유감입니다)」요? 이걸로는 안 되겠네요. 이 「～て」는 「원인」을 나타내고 있어요. 한국어로는 어떻게 돼요? 그렇게 하는 편이 낫겠죠.

이혜미 : 네, 알겠습니다. 이걸로 괜찮지요? 그럼, 여기는 어떻게 하면 좋을까요?

선생님 : 「駅へはこの道を行かなければいけませんよ(역으로는 이 길을 가야 해요)」와 「行かなくてはいけませんよ(가야 해요)」이죠? 같은 뜻인데요, 사용 방법이 달라요.

이혜미 : 그래요? 어떤 차이가 있어요?

Dialogue 2 〔회사 안에서〕

스즈키 : 아, 서둘러야 해요. 이제 곧 회의가 시작됩니다. 또 늦어 버려요. 좀 뛰는 편이 낫겠네요.

안주호 : 그렇게 뛰어서는 안 돼요. 위험하겠죠? 3층에서 뛰면 돼요. 그러면 시간에 댈 수 있을 테니까요.

스즈키 : 하지만, 늦어서는 큰일이에요. 회의 자료 준비했어요? 오늘 말씀 드려야 하는 거죠?

안주호 : 네, 말한 후에 어려운 질문이 안 나오면 좋을 텐데요.

스즈키 : 부장님이 또 이것 저것 말하겠죠.

안주호 : 네, 요전에도 많은 질문이 나와서 곤란했으니까요.

제8과

Dialogue 1 〔학생식당에서〕

이혜미 : 오후부터 비가 내린대요. 우산, 가지고 왔어요?

야마다 : 우산 같은 거 안 가지고 왔는데요, 비가 오는 건가요?

이혜미 : 네, 아까 일기예보에서 그렇게 말했어요.

야마다 : 비가 내려서는 곤란해요. 지금부터 아르바이트가 있어서 밖에서 일해야 되거든요.

이혜미 : 그거 큰일이네요. 몇 시부터에요?

야마다 : 2시까지는 오라고 했어요. 요즘 좀 바빠서 일찍 시작하지 않으면 한밤중 다 되어서까지 걸려버려요.

이혜미 : 어디든 그렇다고 들었지만, 정말이군요.

Dialogue 2 〔사원식당에서〕

스즈키 : 부장님이 점심 후에 사무실까지 와 달라고 했어요.

안주호 : 어떤 볼 일인지 들었어요?

스즈키 : 공장을 보러 올 사람이 있기 때문에 안내해 주었으면 한다고 했어요. 3시경에 20명 정도 온다고 합니다.

안주호 : 그래요? 헬멧 준비를 해야겠네요.

스즈키 : 네, 안전이 제일이에요. 써 달라고 해야 되겠네요.

안주호 : 그럼, 빨리 먹고 부장님에게 갈까요? 부장님한테 커피를 대접해 달라고 합시다.

제9과

Dialogue 1 〔수업 후에〕

이혜미 : 선생님, 잠깐 괜찮으세요? 질문이 있는데요.

선생님 : 네, 하세요. 질문이란 게 어떤 것이죠?

이혜미 : 여기를 잘 모르겠어요. 이거 어떤 뜻일까요?

선생님 : 좀 보여주세요. 아, 이거요?
「선생님에게 야단맞았습니다」
어떻게 설명하면 될까요? 가만 있자, 즉, 「선생님이 나를 야단쳤다」는 것이에요.

이혜미 : 아, 알겠습니다. 「선생님이 나를 야단치」고, 그래서 「내가 선생님에게 야단맞았다」인 것이죠?

Dialogue 2 〔회의 후에〕

안주호 : 오늘 회의 어땠어요? 들려주세요.

스즈키 : 최근 일이 잘 안 되어서 사장님한테 이것 저것 말 들었어요.

안주호 : 아아, 그래서 모두 「내일부터 이쪽저쪽 회사로 보내진다」고 말하고 있는 거군요. 모두 가는 거래요?

스즈키 : 설마. 파는 법을 모르는 사람까지 가게 하지 않겠죠.

안주호: 그래요? 그렇다면 좋겠지만요. 모르는 회사에 보내진다고 들어서 좀 놀랐어요.

스즈키 : 그런 이야기를 믿어서는 안 돼요.

제10과

Dialogue 1 〔테마파크에서〕

야마다 : 이제 슬슬 점심이네요. 식사할까요?

이혜미 : 네, 근데 아직 배 안 고프네요. 게다가 밥 먹으면 졸리게 되어서 놀 수 없게 될지도 몰라요.

야마다 : 그래도 식사를 안 하면 기운이 없어져서 아무것도 못해요.

이혜미 : 그렇네요. 좀 피곤해졌으니까, 먹을까요?

야마다 : 그럽시다. 먹고 조금 쉬면 피곤을 풀 수 있겠죠.

이혜미 : 그러면 뭐든지 탈 수 있죠. 아, 맞다 맞다, 어디서 치즈 케이크를 먹을 수 있는지 알아요?

야마다 : 푸드 코너에서 찾을 수 있겠죠.

Dialogue 2 〔서울역 근처에서〕

안주호 : 저, 죄송합니다. 서울역으로 가고 싶은데요, 어떻게 가면 좋을까요? 길을 잃어 버렸어요.

남자 : 서울역이요? 가만 있자, 그렇군요. 저 높은 빌딩 바로 앞에 신호등이 보이지요?

안주호 : 저쪽에 보이는 은행 건너편이요?

남자 : 그래요. 저 신호등까지 가서, 교차점 있는 곳을 오른쪽으로 도세요. 그대로 곧장 가면 커다란 백화점이 있어요. 백화점이 보이게 되면요, 다시 한 번 누군가에게 물어 보세요. 좀 멀어요.

제11과

Dialogue 1 〔버스 정류장에서〕

이혜미 : 비가 내릴 것 같네요. 우산 가져왔어요?

야마다 : 아뇨, 일기예보에서 비라고는 안 했기 때문에요. 봐요, 저기 구름, 마치 커다란 검은 산과 같아요.

이혜미 : 네, 버스 빨리 오면 좋겠는데요. 그런데, 어머님 병환 어떠세요? 아주 심한 감기라면서요.

야마다 : 네, 덕분에 완전히 좋아졌어요. 오늘 밤은 국물 같은 요리를 (제게) 해 줄 거에요.

이혜미 : 와아, 맛있겠네요. 아, 비에요. 버스 안 오는 것 같네요. 택시를 탈까요?

Dialogue 2 〔점심시간 공원에서〕

안주호 : 좀 보세요. 아이 사진이에요.

스즈키 : 꽤 큰 것 같네요. 이 사진, 지금이라도 걷기 시작할 것 같아요. 태어난 게 올해였나요?

안주호 : 아뇨, 작년이요. 다음 주로 만 한 살이 됩니다.

스즈키 : 벌써 그렇게 되나요? 마치 어제 일과 같은 기분이 듭니다. 그럼, 이제 곧 걸을 수 있게 되는 거군요.

안주호 : 네, 그래서 만 한 살의 파티가 있어요. 꼭 오세요. 모두에게도 오도록 전해 주시겠어요?

스즈키 : 알겠어요. 모두와 함께 늦지 않도록 가겠습니다.

제12과

Dialogue 1 〔미용실에서〕

가게 사람 : 아, 어서 오세요. 어서 들어오세요. 이쪽에 앉으셔서 기다려 주시겠습니까?

이혜미 : 저, 시간 걸리나요?

가게 사람 : 아뇨, 그렇게는(요). 이제 곧 한 사람 더 돌아오고요, 이쪽 분도 이걸 끝내시면 파마를 하실 거니까요. 서두르고 계신가요?

이혜미 : 아뇨, 그렇다면 괜찮아요.

가게 사람 : 잡지라도 읽으시며 기다려 주실 수 있으세요? 최근 헤어 스타일이 실려 있습니다. 마음에 드시는 것을 찾으세요.

Dialogue 2 〔전화〕

스즈키 : 여보세요, 스즈키입니다. 김 부장님 계십니까? 네? 어제부터 일본으로 출장이세요? 언제쯤 돌아오시는지 아시는지요? 좀 급한 일이 있는 거라서요.

사원 : 다음 주 월요일 예정인데요.

스즈키 : 다음 주 월요일이요? 그거 난처하네요, 다음 주로는 시간에 맞지 않게 되어 버려요. 어느 쪽 호텔인가요? 꼭 연락 드리고 싶은데요.

사원 : 아마 휴대전화를 가지고 있을 거에요.

스즈키 : 그래요? 전화번호를 가르쳐 주시지 않으시겠어요?

제13과

Dialogue 1 〔회의실 앞에서〕

야마다 : 아, 이(혜미) 씨, 여기에 있었어요? 찾고 있었어요. 이런 곳에서 뭘 하고 있는 거에요?

이혜미 : 하야시 선생님을 기다리고 있는 거에요. 회의가 끝날 때까지 여기서 기다리도록 말을 들은 것이라서요.

야마다 : 뭔가 중요한 일이라도 (있어요)?

이혜미 : 네, 졸업논문에 관한 일로 좀 상담 드리고 싶은 것이 있어서.

야마다 : 그래요? 곤란하네.

이혜미 : 무슨 일 있어요?

야마다 : 이노우에 선생님이 기다리시는데요.

Dialogue 2 〔부장실에서〕

부장 : 알았지? 여기에 사인을 받는 거네.

안주호 : 이 연필 부분이지요?

부장 : 응, 많이 있으니까, 틀리지 않도록.

안주호 : 네, 알겠습니다. 저, 이쪽에서 찾아 뵙겠다고 부장님께서 전화드려 놔 주시겠습니까?

부장 : 응, 그러지. 그쪽에 도착하면 우선 접수처를 방문하게. 사장실을 가르쳐 줄 테니까. 잘 부탁하네.

안주호 : 네, 알겠습니다. 그럼, 다녀 오겠습니다.

부장 : 사장님을 뵈면, 안부 전해드려 주게.

부록 Review 정답

제1과

1 ❶ 連絡してみてください。
❷ 食べてみてください。
❸ 行ってみてください。

2 ❶ お茶を飲んで、お菓子を食べて、話し合います。
❷ 切符を買って、階段を下りて、地下鉄に乗ります。
❸ 先生に会って、相談をして、家に帰ります。

3 ❶ 将来、日本語を教えたいですね。
❷ アメリカで勉強したいですね。
❸ 日曜日にはゆっくり休みたいですね。

4 ❶ あちらの3番のところで探してみてください。
❷ 東京で何をするのですか。
❸ 日本語の勉強にもなりますから。

제2과

1 ❶ 部屋でタバコを吸わないでください。
❷ ここにゴミを捨てないでください。
❸ 教室では、大声で話さないでください。

2 ❶ 明日までにレポートを出さなければなりません。
❷ 早く家に帰らなければなりません。
❸ 仕事を急がなければなりません。

3 ❶ 掃除のあとで、窓を閉めてください。
❷ 運動のあとで、お風呂に入ってください。
❸ 勉強のあとで、机の上を片付けてください。

4 ❶ ダメです。無理をしないでください。
❷ のどは痛くありません。でもちょっと、頭が痛いです。
❸ 今夜は、お風呂に入らないで、早く寝なければなりません。

제3과

1
1 日本に留学することになりました。
2 新しい会社で働くことになりました。
3 田舎へ引っ越すことになりました。

2
1 日本語の新聞を読むことができます。
2 インターネットで電話することができます。
3 好きな色を選ぶことができます。

3
1 b　2 a　3 b

4
1 何を読んでいるのですか。
2 音楽を聞くことと、小説を読むことです。
3 久しぶりにご家族や友だちに会うことができますね。

제4과

1
1 富士山に登ったことがありますか。
2 フランス料理を食べたことがありますか。
3 韓国の両親が日本に来たことがありますか。

2
1 食事をしたあとで、歯をみがきます。
2 お風呂に入ったあとで、休みます。
3 電話番号を調べたあとで、お知らせします。

3
1 北海道へ行ったとき、この写真をとりました。
2 彼に会ったとき、プレゼントをあげました。
3 バスに乗ったとき、財布を落としました。

4
1 駅前の新しいデパート、行ったことがありますか。
2 映画を見たあとで行ってみます。
3 韓国でも食べることができますよ。

제5과

1
1 おいしいものがたくさんあるのがいいですね。
2 日が長いのがいいですね。
3 交通が便利なのがいいですね。

2
1 会社では毎日８時間働くことになっています。
2 土曜日、授業は休むことになっています。
3 大学に入る時は、入学試験を受けることになっています。

3
1 で　2 で　3 に

4
1 留学生に日本語を教えることになっています。

② 知らない人ですね。見たこともない人です。

③ ここに、必要なことを書いてください。

제6과

1 ① 明日から日記を書こうと思います。

② 今日は早く寝ようと思います。

③ 来年は家族と一緒に日本に行こうと思います。

2 ① 新しいパソコンを買いたいと思っています。

② タバコをやめたいと思っています。

③ 毎朝、運動したいと思っています。

3 ① 明日は雨だそうです。

② キムさんはアメリカへ行くそうです。

③ 日本の部屋代は高いそうです。

4 ① イさんは日本に来て、まもなく1年ですね。

② みんなは中村さんじゃないかと考えています。

③ 部長もワンさんを考えているそうです。

제7과

1 ① 夜、赤ちゃんが泣かなければいいんですが。

② 来月、会社をやめなければいいんですが。

③ 明日、雨が降らなければいいんですが。

2 ① 毎日たくさんの宿題をしなくてはいけません。

② この紙には、ボールペンで書かなくてはいけません。

③ 風邪の時は、病院に行かなくてはいけません。

3 ① ここでタバコを吸えばいいですよ。

ここでタバコを吸ってはダメですよ。

② そのソファで寝ればいいですよ。

そのソファで寝てはダメですよ。

③ 屋上へはこの階段を上ればいいですよ。

屋上へはこの階段を上ってはダメですよ。

4 ① あの、この日本語、こんなふうにしてもいいでしょうか。

② 韓国語では、どうなりますか。

③ 話したあとで、難しい質問が出なければいいんですが。

제8과

1

1 課長は、もう１回電話をかけろと言ってました。

2 先生は、部屋の中では帽子を脱げと言ってました。

3 母は、きれいに掃除をしろと言ってました。

2

1 テストは何曜日か聞いてますか。

2 クラスの学生は何人か聞いてますか。

3 留学生は誰か聞いてますか。

3

1 鈴木さんに日本語を教えてもらいましょう。

2 引っ越しの時、友だちに手伝ってもらいましょう。

3 韓国旅行は、キムさんに案内してもらいましょう。

4

1 雨が降っては困りますね。

2 ３時ごろに、２０人くらい来るそうです。

3 部長にコーヒーをご馳走してもらいましょう。

제9과

1

1 彼は課長に呼ばれました。

2 キムさんは先生にほめられました。

3 弟は兄になぐられました。

2

1 今日は学校を休ませてください。

2 友だちと外で遊ばせてください。

3 今度のお食事、払わせてください。

3

1 ビールを飲ませられました。
ビールを飲まされました。

2 英語の勉強をさせられました。
英語の勉強をさされました。

3 教室の後ろに立たせられました。
教室の後ろに立たされました。

4

1 先生に叱られました。

2 みんな行くのですって？

3 売り方のわからない人まで行かせないでしょう。

제10과

1

1 山に登ると町が見えます。

2 この道をまっすぐ行くとスーパーがあります。

3 冬が来ると寒くなります。

2 1 午後になったら、晴れるでしょう。

2 彼の電話番号はキムさんに聞いたら、わかるでしょう。

3 ダイエットしたら、やせるでしょう。

3 1 漢字が書ける。

2 朝、早く起きられる。

朝、早く起きれる。

3 テニスができる。

4 1 食事をしないと、元気がなくなって、何もできませんよ。

2 どこでチーズケーキが食べられるか知っていますか。

3 そのまま、まっすぐ行くと、大きなデパートがあります。

제11과

1 1 木が倒れそうです。

2 赤ちゃんが泣きそうです。

3 コップが落ちそうです。

2 1 あの映画はおもしろいみたいですね。

2 中国語は難しいみたいですね。

3 今日はいいお天気みたいですね。

3 1 キムさんは、今忙しいようです。

2 彼は、今日学校に来ないようです。

3 山田さんは、勉強しているようです。

4 1 あそこの雲、まるで大きな黒い山みたいですよ。

2 わあ、おいしそうですね。

3 まるで昨日のことのような気がします。

제12과

1 1 お召し上がりください。

2 お楽しみください。

3 お使いください。

2 1 いらっしゃいますか。

2 なさいますか。

3 お気に召しますか。

3 1 お読みになりますか。

2 お出かけになりますか。

3 お待ちになりますか。

4 1 こちらにお座りになって、お待ちくださいますか。

2 キム課長、いらっしゃいますか。

3 いつごろ、お帰りになるか、ご存知でしょうか。

제13과

1
1. お渡(わた)しします。
2. お送(おく)りします
3. お会(あ)いします。

2
1. お伺(うかが)いします。
2. 参(まい)ります。
3. 拝見(はいけん)しました。

3
1. 教(おし)えてくださいませんか。
2. なってくださいませんか。
3. 貸(か)してくださいませんか。

4
1. 卒業論文(そつぎょうろんぶん)のことで、ちょっとご相談(そうだん)したいことがあって。
2. では、行(い)って参(まい)ります。
3. 社長(しゃちょう)にお会(あ)いしたら、よろしくお伝(つた)えしてくれ。

부록 | Listening 스크립트 및 정답

제1과

1

1

A：あっ、本(ほん)が落(お)ちていますが。

B：あっ、本当(ほんとう)だ。これ、誰(だれ)のでしょうか。

A：キムさんのじゃありませんか。

B：ちょっと、キムさんに聞(き)いてみましょう。

2

A：あ、ちょっと寒(さむ)いですね。

B：窓(まど)が開(あ)いていますが、閉(し)めましょうか。

A：ええ、そうしてください。私(わたし)、寒(さむ)いのは苦手(にがて)ですから。

B：はい、ちょっと待(ま)ってください。

3

A：あら、人(ひと)がたくさん並(なら)んでいますね。今日(きょう)は、何(なに)かあるんですか。

B：ええ、あそこで有名(ゆうめい)な歌手(かしゅ)のコンサートがあるんですよ。

A：へえ～そうですか。行(い)ってみたいですね。

B：そうですね～。

2

1

A：あの　すみません。カメラが買(か)いたいんですが、どこですか。

B：あ、カメラですか。カメラは３階(がい)です。

A：そうですか。ありがとうございました。

2

A：あの、すみません。女性用(じょせいよう)のシャツがほしいんですが、どこで売(う)っていますか。

B：はい、シャツはこのビルの６階(かい)です。

A：６階(かい)ですか、どうも。

정답 1 ① b　② c　③ a
2 ① a　② b

제2과

1

1

A：どうしましたか。
B：昨日から熱があります。
A：頭は痛いですか。
B：いえ、頭は痛くありませんが、ちょっとせきが出ます。
A：熱があって、せきが出る…これは風邪ですね。あとで薬をもらってください。
B：はい、ありがとうございました。
A：お大事に。

2

A：イさん、どうぞ。
B：はい、お願いします。
A：どうしましたか。
B：あのう、のどがとても痛いんです。
A：熱を測ってみましょう。ううん…熱はありませんね。
B：それに、せきが止まらないんです。
A：風邪ですから、無理をしないで、ゆっくり休んでください。あとで薬を出しますから、飲んでください。
B：はい、ありがとうございました。
A：お大事に。

2

1

A：あの、すみません。ここに車を止めないでください。
B：えっ？ダメですか。
A：ええ、あそこの駐車場を利用してください。
B：わかりました。失礼しました。

2

A：今日はいいお天気ですね。
B：田中さん、部屋の中でタバコを吸わないでください。
A：ごめんなさい。失礼しました。

3

A：みなさん、階段で走らないでください。とても危ないですよ。
B：は～い。わかりました。

정답 1 **1** a, b **2** b, c
2 **1** c **2** a **3** b

제3과

1

1

A：アンさん、アンさんは中国語がわかりますか。

B：ええ、中国語の本を～♪

2

A：へえ、素敵な車ですね。それ、山田さんの車ですか。

B：いえ、これは父の車です。私は～♪

3

A：イさん、一緒に飲みに行きませんか。

B：ええ、飲みたいんですが、でも～♪

2

今日は、みんなでイさんの家へ遊びに行きました。イさんは、料理をするのが得意で、いろいろなおいしいものを作りました。私たちは、テーブルを片付けることと、お皿を洗うことを手伝いました。とても楽しかったです。

정답 1 1 a　2 b　3 b

2 1 する　2 片付ける　3 洗う

제4과

1

1

A：イさんは、日本の納豆を食べたことがありますか。

B：いえ、まだ食べたことがありません。

A：そうですか。ぜひ食べてみてください。おいしいですよ。

2

A：山田さん、アメリカへ行ったことがありますか。

B：ええっと、フランスには行ったことがありますが、アメリカにはまだ…。

3

A：キムさん、キムさんは新幹線に乗ったことがありますか。

B：はい。新幹線は速くて便利ですね。鈴木さんは？

A：ええ、私も乗ったことがありますよ。とてもよかったです。

2

1

A：キムさん、久(ひさ)しぶりにテニスでもしませんか。

B：いいですね。でも、そろそろお昼(ひる)ですから、食事(しょくじ)をしたあとでしましょう。

A：それもいいですね。そうしましょう。

2

A：先生(せんせい)、これから運動場(うんどうじょう)を走(はし)りますか。

B：いえ、みんな準備運動(じゅんびうんどう)をしたあとで走(はし)ってください。

A：はい、わかりました。

정답 1 **1** × **2** × **3** ○

2 **1** b **2** b

제5과

1

1

A：あの、すみません。空港(くうこう)まで行(い)きたいのですが、何分(なんぷん)くらいかかりますか。

B：ええっと、空港(くうこう)までですか。もちろん電車(でんしゃ)でもいいのですが、リムジンバスのほうが早(はや)いですよ。50分(ぷん)で着(つ)きますね。

A：そうですか。じゃ、リムジンバスにします。ありがとうございました。

2

A：すみません。パソコンを買(か)いたいのですが、いくらくらいですか。

B：ええ、いろいろありますが、インターネットで買(か)うほうが安(やす)くて、便利(べんり)ですよ。

A：そうですか。インターネットのほうが安(やす)いですか。じゃ、そうします。ありがとうございました。

2

1 これは、何(なに)かを書(か)くときに使(つか)います。

2 ここは、果物(くだもの)を売(う)っているところです。

3 これは、ゴミを入(い)れるものです。

정답 1 **1** b **2** a

2 **1** c **2** b **3** a

제6과

1

1

A：イさん、この近くに新しいスーパーができましたね。行ってみましたか。どうでしたか。

B：そうですね。野菜も多くて新鮮ですが、少し高いと思いました。

A：あ、そうですか。

2

A：キムさん、引っ越して、まもなく1年ですね。新しい家は、いかがですか。

B：ええ、交通は便利ですが、うるさくてよくないと思います。

A：えっ？じゃ、また引っ越そうと思っているのですか。

B：うん…まだよくわかりませんが、そうかも知れません。

3

A：小林さん、今度の海への旅行に山田さんも行きますか。

B：ええ、山田さんも行こうと思っていますよ。ああ～みんなで早く行きたいですね～。おいしいものをたくさん食べましょう。

2

1

A：キムさん、これからどうしますか。

B：今日はちょっと疲れていますから、早く帰ります。

2

A：ワンさん、これからどこへ行きますか。

B：図書館です。本が借りたくて。

정답 1 **1** × **2** × **3** ○
2 **1** 帰ろう **2** 借りよう

제7과

1

1

A：あの、すみません。ここに電話番号を書かなければいけませんか。

B：はい、住所とお名前と、それからお電話番号も書かなくてはいけません。

A：ええっと、こう書けばいいんですね。ありがとうございました。

2

A：先生、明日のピクニックには、お弁当を準備しなければなりませんか。

B：明日のお昼は、食堂で食べますから、用意しなくてもいいですよ。

A：そうですか。わかりました。

3

A：鈴木さん、図書館の本は、明日までに返さなければなりませんか。

B：いえ、明日は休みですので、あさってでかまいませんよ。

A：そうですか。明日までに返さなくてもいいのですね？ わかりました。どうも。

2

1

A：あの、すみません。午後６時の飛行機に乗りたいんですが、どうすればいいですか。

B：午後６時の飛行機ですか。ここで、リムジンバスに乗れば間に合いますよ。

A：そうですか。ありがとうございました。

2

A：あの、すみません。銀行に行こうと思っているのですが、どう行けばいいですか。

B：ええっと、銀行はですね、この道をまっすぐ歩いて行けばいいですよ。

A：この道をまっすぐですね。はい、わかりました。ありがとうございました。

정답 1 **1** ○ **2** × **3** ×

2 **1** 乗れば **2** 歩いて行けば

제8과

1

예 キムさんはワンさんに本を貸してあげました。

1 鈴木さんはワンさんに日本語を教えてくれました。

2 田中さんは鈴木さんに仕事を手伝ってもらいました。

3 ワンさんは田中さんに日本の住所を書いてもらいました。

2

1 社長は２時までに来いと言っています。

2 先生は紙に名前を書けと言っています。

〈참고〉「～と言いました」와「～と言っています」의 차이

「～と言いました」	「～と言っています」
단순히 다른 사람의 말이나 어떤 사실을 듣는 사람에게 전함	듣는 사람과 관계가 있는 내용, 즉 듣는 사람을 향한 메시지를 전함

정답 1

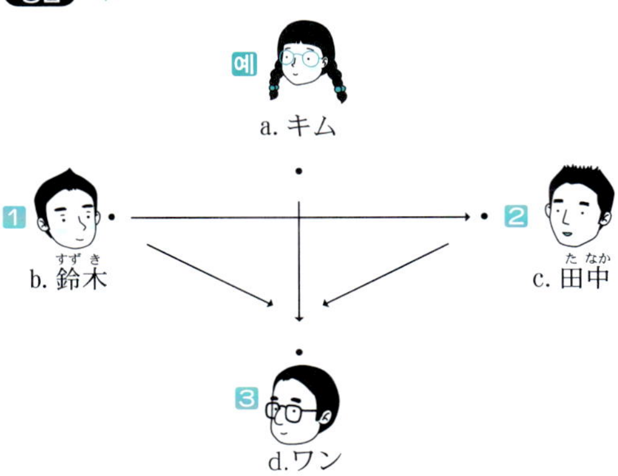

2 1 a　2 b

제9과

1

1

A：田中さん、どうしたんですか。何かあったんですか。

B：犬に手を噛まれてしまいました。

2

A：鈴木さん、どうしたんですか。

B：今朝、バスの中で男の人に足を踏まれました。

3

A：アンさん、どうしたんですか。

B：大事な書類を忘れてしまって、部長に叱られました。

2

A：田中さん、遅いですね。パーティーが始まってしまいました。

B：ええ、困りましたね。どうしましょう。

A：そうですね。ペナルティに何かさせましょうか。

B：そうしましょう。何がいいですか。お酒を飲ませますか。

A：いえ、歌を歌わせましょう。それから、田中さんの嫌いな納豆を食べさせましょう。

B：ええ、それがいいですね。

정답 1 1 c　2 a　3 b

2 1 b, c

제10과

1

1

A：イさん、イさんは自転車に乗れますか。
B：いえ、自転車はちょっと…。
A：じゃ、運転は？
B：運転はできますよ。
A：そうですか。

2

A：あの、鈴木さんは、お酒が飲めますか？
B：ええ…ビールなら少し。
A：じゃ、今度の週末、一緒に飲みに行きませんか。韓国の辛いものはどうですか。
B：いえ、辛いものはダメです。

3

A：キムさん、このケイタイ、日本語が使えますか。日本語のメールが書きたいんですが。
B：いえ、ダメです。日本語は書けません。やはり、パソコンのほうがいいでしょう。
A：そうですか。わかりました。

2

1

A：先生、明日雨が降っても試合をしますか。
B：ええっと、雨が降ったら～♪

2

A：すみません、今、急いで行ったら、最後の電車に間に合いますか。
B：ええ、まだ時間がありますから～♪

정답 1 **1** b　**2** a　**3** b
2 **1** b　**2** a

제11과

1

1

A：キムさん、あれ落ちそうですね。ちょっと危ないでしょう？
B：あ、本当だ。危ないですね。割れたら大変ですから、安全なところに置きましょう。

2

A：わあ、これ、おいしそうですね。イさんが作ったのですか。
B：ええ、作るのは簡単ですよ。お1つ、どうぞ。
A：ありがとうございます。じゃ、いただきます。

3

A：山田さん、とても重そうですね。大丈夫ですか。
B：ええ、大丈夫です。
A：中に何が入っているんですか。
B：本がたくさん入っています。

2

1 まるで大きな黒い山みたいです。

2 まるできれいな花のようです。

정답 1 **1** b　**2** a　**3** a
2 **1** c　**2** b

제12과

1

1

A：いらっしゃいませ。さあ、どうぞ、お入りください。

B：はい、お邪魔します。

2

A：ここに、お座りになって、お待ちくださいますか。

B：はい、わかりました。

3

A：あの、雑誌でもお読みになりますか。

B：ありがとうございます。

2

1

A：先生、おはようございます。いついらっしゃいましたか。

B：朝、9時ごろ～♪

2

A：どうぞ、たくさん召し上がってください。

B：はい、～♪

정답 1 **1** a　**2** b　**3** b

2 **1** a　**2** b

제13과

1

1

a. A：こんなところで何をしてるんですか。

B：林先生をお待ちしてるんです。

b. A：こんなところで何をしてるんですか。

B：林先生を待っていらっしゃるんです。

2

a. A：林先生に何か大切なことでもあるのですか。

B：ええ、卒業論文のことで、ちょっとご相談したいことがあります。

b. A：林先生に何か大切なことでもあるのですか。

B：ええ、卒業論文のことで、ちょっとご相談になりたいことがあります。

3

a. A：向こうの会社に着いたら、まず受付を訪ねてね。社長室を教えてくれるから。よろしく頼むよ。

B：はい、承知致しました。では、行っていらっしゃいます。

b. A：向こうの会社に着いたら、まず受付を訪ねてね。社長室を教えてくれるから。よろしく頼むよ。

B：はい、承知致しました。では、行って参ります。

2

1

A：いらっしゃいませ。ご注文は？

B：コーヒーを１つと、ジュースを１つください。

A：はい、かしこまりました。

2

まもなく、新宿駅に到着いたします。次の駅は、新宿、新宿でございます。お出口は、左側です。お忘れ物のないようにしてください。

정답 1 **1** a **2** a **3** b

2 **1** b **2** a

부록 | 각 과의 보충 설명

■ 제4과

명사와 형용사의 비교

		명사	형용사	
			な형용사	い형용사
비공손체	현재	学生(がくせい)だ。 학생이다. (명사+だ)	しずかだ。 조용하다. (기본형)	おおきい。 크다. (기본형)
	과거	学生(がくせい)だった。 학생이었다.	しずかだった。 조용했다.	おおきかった。 컸다.
	부정	学生(がくせい)ではない。 학생이 아니다.	しずかではない。 조용하지 않다.	おおきくない。 크지 않다.
	과거 부정	学生(がくせい)ではなかった。 학생이 아니었다.	しずかではなかった。 조용하지 않았다.	おおきくなかった。 크지 않았다.
공손체	현재	学生(がくせい)です。 학생입니다.	しずかです。 조용합니다.	おおきいです。 큽니다.
	과거	学生(がくせい)でした。 학생이었습니다.	しずかでした。 조용했습니다. ~~しずかだったです~~。	おおきかったです。 컸습니다. ~~おおきいでした~~。
	부정	学生(がくせい)ではありません。 = 学生(がくせい)ではないです。 학생이 아닙니다.	しずかではありません。 = しずかではないです。 조용하지 않습니다.	おおきくありません。 = おおきくないです。 크지 않습니다.
	과거 부정	学生(がくせい)ではありませんでした。 = 学生(がくせい)では なかったです。 학생이 아니었습니다.	しずかではありませんでした。 = しずかではなかったです。 조용하지 않았습니다.	おおきくありませんでした。 = おおきくなかったです。 크지 않았습니다.
	명사 수식	学生(がくせい)の部屋(へや) 학생의 방	しずかな部屋(へや) 조용한 방	おおきい部屋(へや) 큰 방

■ 제5과

동사의 시제에 따른 긍정과 부정

	과거	비과거
긍정	行きました 行った(た형)	行きます 行く(사전형)
부정	行きませんでした 行かなかった(ない의 た형)	行きません 行かない(ない형)

い형용사의 시제에 따른 긍정과 부정

	과거	비과거
긍정	さむかった＋です さむかった(た형)	さむい＋です さむい(사전형)
부정	①さむく＋ありませんでした ②さむく＋なかった＋です さむく＋なかった (ない의 た형)	①さむく＋ありません ②さむく＋ない＋です さむく＋ない(ない형)

な형용사의 시제에 따른 긍정과 부정

	과거	비과거
긍정	しずか＋でした しずかだった(た형)	しずか＋です しずかだ(사전형)
부정	しずか＋では(じゃ)ありませんでした しずか＋では(じゃ)なかった(ない의 た형)	しずか＋では(じゃ)ありません しずか＋では(じゃ)ない(ない형)

명사의 시제에 따른 긍정과 부정

	과거	비과거
긍정	学生(がくせい)＋でした 学生(がくせい)＋だった(た형)	学生(がくせい)＋です 学生(がくせい)＋だ(사전형+だ)
부정	学生(がくせい)＋では(じゃ)ありませんでした 学生(がくせい)＋では(じゃ)なかった(ない의 た형)	学生(がくせい)＋では(じゃ)ありません 学生(がくせい)＋ではない(ない형)

＊ 위에서 보는 바와 같이 명사와 な형용사는 시제에 따른 긍정과 부정 표현이 모두 동일하다.

■ 제6과

「思う」와 「考える」의 비교

＊思う　: 순간적인 직감이나 정서적인 이미지를 마음에 품는 것으로 감정 · 의지를 중심으로 한다.

＊考える : 비교 대조 · 실험 분석 · 조사 검색 등을 통하여 명확한 이미지를 머리 속으로 생각하는 것으로, 논리적인 느낌이 있다.

思う와 考える

3인칭/3인칭?	×	말하는 사람이 생각 · 희망 · 의사를 말할 때 듣는 사람의 생각 · 희망 · 의사를 물을 때	1인칭/2인칭?
	제3자의 메시지(생각 · 희망 · 의사)를 듣는 사람에게 전할 때 제3자의 메시지(생각 · 희망 · 의사)를 듣는 사람에게 물을 때	말하는 사람이 과거에서부터 품은 생각 · 희망 · 의사를 말할 때 듣는 사람의 과거에서부터 품은 생각 · 희망 · 의사를 물을 때	

思っている와 考えている

■ 제7과

「Conversation practice 1」 1번 – ②의 바른 표현

1. 早く来てはいけません。또는 早く来ればいいです。
2. 買い物に行かなくてはダメです。또는 買い物に行かなくてもいいです。
3. 財布をなくして困ったので交番へ行きました。

「なければ(なくては)いけない」와 「なければ(なくては)ならない」의 비교

～なければ / 당연한 의무 / 도덕적인 의무

	いけない	ならない
～なければ	～なければいけない 상식적 명령 ＋いけない／듣는 사람한테의 명령	～なければならない 상식적 의무 말하는 사람의 의무／＋ならない
～なくては	～なくてはいけない 강한 명령	～なくてはならない 강한 의무

～なくては / 패널티가 있는 의무 / 명령

■ 제8과

「～てあげる」와 「～てもらう」의 인칭 제한

1) ～てあげる

「～てあげる」의 사용에서 다음과 같이 3인칭(제3자)이 2인칭(듣는 사람)에게 혹은 1인칭(말하는 사람)이 2인칭(듣는 사람)에게 동작을 부여하는 것은 매너에 어긋난다.

예 兄がこれをプレゼントしてあげたのですか。 **(부자연스런 문장)**
형이 이것을 선물해 준 것이에요?

→ 兄がこれをプレゼントしてくれたのですか。
형이 이것을 선물해 준 것이에요?

その荷物、重いでしょう？ 持ってあげましょう。 **(부자연스런 문장)**
그 짐 무겁죠? 들어 줄게요.

→ その荷物、重いでしょう？ お持ちしましょう。 ☞ 제13과 참조
그 짐 무겁죠? 들어 드릴게요.

2) ～てもらう

「～てもらう」는 1인칭(말하는 사람)이 2인칭(듣는 사람)으로부터 동작을 요구하는(사전형) 경우는 명령이 된다. 또한 2인칭(듣는 사람)은 1인칭(말하는 사람)의 동작을 요구하거나 받거나 할 수 없다. 만약 그렇게 한 경우에는 말하는 사람의 의외의 기분을 나타낸다. 한국어로 해석할 때는 의역을 해야 한다.

예 僕に、そのカバンを持ってもらいたいのですか。 **(부자연스러운 문장)**
내가 그 가방을 들어 주었으면 하는 거에요?
→ 말하는 사람의 기분 : 농담 그만해 !

あのとき僕に引っ越しを手伝ってもらったのですか。 **(부자연스러운 문장)**
그 때 내가 이사를 도와 준 거에요?
→ 말하는 사람의 기분 : 거짓말이죠 ?

동사 명령형의 불규칙

다음의 동사는 불규칙 명령형을 갖는다.

예 くださる 주시다 → ください 주세요

くださいます 주십니다 → くださいませ 주십시오

いらっしゃる 계시다/가시다/오시다 → いらっしゃい 계세요/가세요/오세요

いらっしゃいます 오십니다 → いらっしゃいませ 오십시오

なさる 하시다 → なさい 해/하시오

行(い)ってくる 다녀오다 → 行(い)ってらっしゃい 다녀오세요

くれる 주다 → くれ 줘

■ 제9과

외국어의 영향을 받은 수동문

외국어의 영향을 받은 수동문은 원래의 문장과 수동문이 되었을 경우에 등장 인물 수가 같아진다. 예를 들면 「先生(せんせい)が」와 「私(わたし)を」가 교차되어 「私(わたし)が」와 「先生(せんせい)に」로 바뀌는 것에 주의한다.

예 先生(せんせい)が私(わたし)を叱(しか)りました。(원래 문장)

선생님이 나를 야단쳤습니다.

→ 私(わたし)が先生(せんせい)に叱(しか)られました。(수동문)

내가 선생님에게 야단 맞았습니다.

みんながパーティーを喜(よろこ)びました。(원래 문장)

모두가 파티를 기뻐했습니다.

→ パーティーはみんなに喜(よろこ)ばれました。(수동문)

파티는 모두에게 기쁨이였습니다.

韓国(かんこく)では（みんなが）韓国語(かんこくご)を話(はな)しています。(원래 문장)

한국에서는 (모두가) 한국어를 말하고 있습니다.

→ 韓国(かんこく)では韓国語(かんこくご)が（みんなに）話(はな)されています。(수동문)

한국에서는 한국어가 (모두에게) 말해지고 있습니다.

사역수동의 단축형

사역수동은 회화에서 특히 다음과 같은 음의 단축현상이 나타낸다.

예

書(か)かせられる [kakaserareru] → 書(か)かされる [kakasareru]

飲(の)ませられる [nomaserareru] → 飲(の)まされる [nomasareru]

起(お)きさせられる [okisaserareru] → 起(お)きさされる [okisasareru]

食(た)べさせられる [tabesaserareru] → 食(た)べさされる [tabesasareru]

させられる [saserareru] → さされる [sasareru]

来(こ)させられる [kosaserareru] → 来(こ)さされる [kosasareru]

■ 제10과

「~と」를 사용하면 부자연스러운 문장

다음 예문은 「~と」를 사용할 수 없는 예문이다. 「~たら」는 모든 문장에서 조건을 나타낼 수 있다.

예 お酒(さけ)を＋飲(の)むと(×) / 飲(の)んだら、車(くるま)を運転(うんてん)してはいけません。
술을 마시면 차를 운전해서는 안 됩니다.

おなかが＋空(す)くと(×) / 空(す)いたら、パンでも食(た)べてください。
배가 고프면 빵이라도 먹어요.

春(はる)に＋なると(×) / なったら、雪落山(ソラクサン)へハイキングに行(い)きましょうか。
봄이 되면 설악산으로 하이킹하러 갈까요?

小銭(こぜに)が＋ないと(×) / なかったら、私(わたし)が出(だ)しましょうか。
잔돈이 없으면 제가 낼까요?

病気(びょうき)が＋治(なお)ると(×) / 治(なお)ったら、運動会(うんどうかい)に出(で)てもいいですか。
병이 나으면 운동회에 나가도 돼요?

お金(かね)が＋できると(×) / できたら、世界一周旅行(せかいいっしゅうりょこう)をしようと思(おも)います。
돈이 생기면 세계일주 여행을 하려고 생각합니다.

■ 제11과

「ようだ」의 그 밖의 용법

4) 희망

예 合格できるように頑張っています。(목표)

합격할 수 있도록 노력하고 있습니다.

遅れないようにタクシーに乗りました。(예방)

늦지 않도록 택시를 탔습니다.

よいお年をお迎えくださいますようにお祈り申し上げます。(바람)

좋은 해를 맞이하시기를 바랍니다.

ここにゴミを捨てないようにしてください。(명령)

여기에 쓰레기를 버리지 않도록 해 주세요.

課長に、すぐ来るように伝えてください。(전언)

과장님에게 곧 오도록 전해주세요.

* 「바람」을 나타낼 때는 「공손체」에 접속하고, 「명령」을 나타낼 때는 「비공손체」에 접속하는 점에 주의한다.

5) 변화

예 やっと子どもが歩けるようになりました。

겨우 아이가 걸을 수 있게 되었습니다.

クラスのみんなが日本語を話すようになればいいですね。

학급의 모두가 일본어를 말하게 되면 좋겠네요.

2박의 い형용사＋そうだ

다음의 い형용사는 「さ」를 삽입한 후에 「そうだ」에 접속한다.

예 いい 좋다 → よさそうだ 좋을 것 같다

ない 없다 → なさそうだ 없을 것 같다

濃(こ)い 진하다 → 濃(こ)さそうだ 진할 것 같다

「そうだ」의 부정표현

1)「동사 ない형 + なさそうだ」

예 泣(な)かない 울지 않는다 → 泣(な)かなさそうだ 울지 않을 것 같다

「동사 ます형 + そうだ」의 부정

예 泣(な)きそうだ 울 것 같다

→ 泣(な)きそう + に / も / にも + ない 울 것 같지(도) 않다

2)「い형용사 어간 + く + なさそうだ」

예 さむくない 춥지 않다 → さむくなさそうだ 춥지 않을 것 같다

「い형용사 어간+そうだ」의 부정

예 なさそうだ 없을 것 같다

→ なさそう + に / も / にも / では / でも + ない 없을 것 같지(도/는) 않다

3)「な형용사 어간 + では + なさそうだ」

예 しずかではなさそうだ 조용하지 않을 것 같다

「な형용사 어간+そうだ」의 부정

예 しずかそうだ 조용할 것 같다

→ しずかそう + では / でも + ない 조용할 것 같지도 않다

4) 명사에는 접속하지 않는다.

■ 제12과

경어 불규칙 동사

기본형	행위자 존경	행위 수여자 존경
来(く)る (오다)	いらっしゃる お見(み)えになる お出(い)でになる 来(こ)られる	参(まい)る(「초공손체」에서도 사용)
行(い)く (가다)	お出(い)でになる	参(まい)る(「초공손체」에서도 사용)
する(하다)	なさる / される	いたす(「초공손체」에서도 사용)
いる(있다)	いらっしゃる / おられる	おる(「초공손체」에서도 사용)
見(み)る(보다)	ご覧(らん)になる	拝見(はいけん)＋する / いたす
着(き)る(입다)	お召(め)しになる	
寝(ね)る(자다)	お休(やす)みなる	
～だ / ～である (～이다)	～でいらっしゃる (～でいらっしゃいます)	～でござる(～でございます) (「초공손체」에서도 사용)
買(か)う(사다)	お求(もと)めになる	
食(た)べる / 飲(の)む (먹다/마시다)	お召(め)し上(あ)がる	
気(き)に入(い)る(마음에 들다)	お気(き)に召(め)す	
言(い)う(말하다)	おっしゃる	申(もう)し上(あ)げる

くれる(주다)	くださる	
あげる(주다)		差(さ)し上(あ)げる
もらう(받다)		いただく
知(し)っている(알다)	ご存知(ぞんじ)だ	存(ぞん)じて+いる / おる
訪(たず)ねる / 訪問(ほうもん)する (찾아가다/방문하다)		伺(うかが)う / お伺(うかが)いする
尋(たず)ねる / 質問(しつもん)する (묻다/질문하다)		伺(うかが)う / お伺(うかが)いする
会(あ)う(만나다)		お目(め)にかかる
ある(있다)		～ござる(～ございます) (「초공손체」에서도 사용)

☞「초공손체」에 대해서는 229p「문체의 사용 구분」참조.

■ 제13과

「행위수여자 존경」에 사용되는 동사의 제한

제13과 key-point 02의 내용을 보충하자면, 단, 「お願いする(부탁 드리다) / お邪魔する(방해하다) / ご迷惑をおかけする(폐를 끼치다)」 등은 이들의 동작을 받는 사람에게 어떠한 이익을 주지는 않지만, 동작을 받는 사람은 이쪽 동작을 하는 사람으로부터 사태를 되돌아봄 · 은혜에 대한 보답 · 남에게 폐를 끼친 것을 갚는 것 등을 기대할 수가 있다.

상대경어

「절대 경어」인 한국어는 경의를 표해야 하는 사람이 몇 명이 되더라도 동시에 경의를 표할 수가 있지만, 일본어는 「상대 경어」이기 때문에 말하는 사람은 인간관계를 잘 판단하여, 대화나 문장에 드러나는 여러 사람 중에서 누군가 한 사람을 골라 경의를 표해야 한다.

예 先生、母が駅までお送りするそうです。

선생님, 엄마가 역까지 바래다 드린다고 합니다.

선생님과 자신의 엄마 중에서는 선생님에게 경의를 표해야 하기 때문에 엄마의 동작에 「행위자 존경」을 사용할 수 없다. 말하는 사람은 엄마의 동작 「先生を送る(선생님을 바래다 주다)」를 이용하여 그 동작을 받는 듣는 사람 「先生(선생님)」에게 경의를 표하고 있다.

예 課長、社長がお待ちになっています。レポートをお渡ししますか。

과장님, 사장님이 기다리시고 계십니다. 보고서를 건네 드릴까요?

과장님과 사장님 중에서는 사장님에게 경의를 표해야 하기 때문에 사장님의 동작에 「행위자 존경」을 사용하고 있다. 또 듣는 사람 「課長(과장님)」의 동작 「社長に渡す(사장님에게 건네다)」를 이용하여 그 동작을 받는 제3자인 「社長(사장님)」에게 경의를 표하고 있다.
위의 두 개의 예로부터 알 수 있듯이 듣는 사람과 제3자의 관계를 판단하여 듣는 사람 쪽이 상위에 있는 경우는 듣는 사람에게 경의를 표하고, 제3자에게 경의를 표해서는 안 된다. 반대로 듣는 사람 쪽이 하위에 있는 경우는 제3자에게 경의를 표하고, 듣는 사람에게 경의를 표해서는 안 된다.

문체의 사용 구분

일본어 문체에는 다음의 세 가지가 있는데, 각각의 사용 구분은 다음과 같다.

1) 비공손체

한국어의 반말체에 해당하며, 일기나 독백, 일반독자를 가정한 독서물 등에서나 서로 상대의 호의에 기대도 되는 친한 관계에서 사용한다.

예 부모 자식, 형제자매, 동급생, 어린애들끼리 등

그 밖에 적대관계에 있거나 비난의 대상이 되는 남을 향해 사용한다.

예 분노나 경멸의 대상, 싸움 상대, 적대국의 사람 등

2) 공손체

문장체에서는 편지문이나 특정 독자에게 말을 거는 듯한 내용의 독서물, 혹은 상하 관계가 있는 친한 관계에서 손윗사람에게 사용한다.

예 부모님, 친척, 선배, 담임선생님이나 직장 상사 등

또 손위나 손아래에 상관없이 상대의 호의에 기댈 수 없는 외부사람이나 첫 대면의 상황에서 모르는 사람이지만 우호 관계가 요구되는 남을 향해 사용한다.

예 길을 물어보는 사람, 점원, 버스나 택시 운전수, 외국인 등

3) 초공손체

문장체에서는 이야기 형식의 문체로서 「초공손체」가 사용되는 일이 있다. 외교나 서비스의 대상인 우호적인 남을 향해 사용한다.

예 말하는 사람의 경제적 지주인 「손님」 등

혹은 모르는 사람이 많은 장소에서 외부사람을 향해 사용한다.

예 자기 자신을 품격 높은 사람으로 보이게 하고 싶어 하는 사람이 조심하고 사양해야 하는 관계의 동반자를 향해

「공손체」보다 한 단계 더 높은 「초공손체」는 주로 부가가치가 있어 가격이나 품질이 높은 물건을 파는 사람, 관광가이드, 텔레비전 통신판매에서의 진행자, 상류의식이 있는 여성 등에 의해 사용되는데, 상대에 대해 경의를 표하고 있는 것인지 어떤지는 의문이며 단지 상대와 적대 관계가 되지 않기 위한 수단이라고 볼 수 있다.
특히 「공손체」와 「비공손체」는 경어표현에 있어서는 「청자존경」에 반영되는데, 「申す(말하다) / いたす(하다) / 参る(오다, 가다)」는 「공손체」와 함께 어우러져 「행위수여자 존경」이 된다.

부록 색인

〈어휘〉

あ

か

こ

さ

し

そ

た

ち

つ

て

は

ひ

ふ

へ

ほ

ま

み

む

ら

り

れ

ろ

わ

を

〈표현〉